블로그 하는 마음

이상하고 아름다운 블로그 세계

이효진 지음

블로그 하는 마음

이상하고 아름다운 블로그 세계

푸른향기
Prunhosk Publishing Co.

이상하고 아름다운 블로그 세계

어른이 되면 반짝이는 사람이 될 거라고 생각했다. 막연히 그렇게 믿었다. 누구든 닮고 싶어 할 멋진 사람, 어디에 속해 있든 그 분야에서는 꽤 이름을 날리는 사람, 일터에선 모두가 함께 일하고 싶어 하는 멋진 해결사, 아니면 나만의 일을 꾸려 나가는 능력 있는 프리랜서. 따뜻한 햇살이 가득 들어오는 밝고 환한 거실, 잔잔한 음악과 부드러운 커피 향, 푹신한 소파에서 책을 읽는 내 곁에서 한가롭게 졸고 있는 레트리버 한 마리. 가끔 훌쩍 여행을 떠나고, 좋아하는 사람들과 항상 충만한 시간을 보내는 삶을 꿈꿨다.

빛나는 미래를 꿈꾸던 시절에서 15년쯤 지난 나는 빛을 가늠할 수 없는 사람 중 한 명으로 살았다. 지극히 평범하게. 매일 아침 5분 간격으로 울리는 알람을 울고 싶은 마음으로 끄다가 최후의 순간에 겨우 일어나서 허겁지겁 출근 준비를 했다. 옷장이 옷을 먹어 치우는 것인지, 작년 이맘때는 벌거벗고 다녔던 것인지, 입을 옷이 없는 꽉 찬 옷장 앞에서 좌절하다가 결국 시간에 쫓겨 손에 잡히는 대로 입었다. 낯선 이들과 부대끼는 게 너무 싫지만, 지각을 면하기 위해 만원 지하철에 비집고 올랐다. 월요일 아침 눈을 뜰 때부터 금요일만 기다리고 사는 생활. 오전엔 점심시간만 바라보고, 오후엔 퇴근 시간만 기다리며 쏟아지는 업무 속에서 허덕였다. 말도 안 되는 고참의 억지소리를 참고 참고 또 참다가 참나무가 될 지경. 이쯤 참다 보면 내 몸에선 사리 대신 도토리가 나오겠다 싶을 즈음에 하루가 끝났다. 어제가 오늘이고 오늘이 내일인가 하면, 올해는 내년이 되어있었다. 어른이 되면 당연히 갖게 될 거라고 생각했던 내 집은 너무 요원한 일이었다. 내 안에 어떤 빛이 있는지 들여다보기엔 마음에 여유가 없었다. 회사에서도 큰 빛을 내지 못하는 월급쟁이 직장인은 빛보다 빚을 내는 게 훨씬 빠를 판이었다. 이번 생은 애쓰는 마음으로는 안 되는 걸까. 힘내보자는 마음이, 끌어올리는 힘이 점점 줄어들었다.

내 안의 빛이 사그라질 무렵, 꺼지기 직전의 불씨를 양손으로 곱게 감싸 준 이들이 있었다. 얼굴 한 번 본 적 없거나 목소리 한 번 들어본 적 없는데도 마음을 나눠주는 사람들. 매일 똑같이 굴

러가던 지루한 내 하루를 되게 재미있고 특별한 날인 것처럼 관심 가져주는 사람들. 별것 아닌 경험을 대단한 것처럼 감탄해주는 사람들. 이야기를 나누어 주어 고맙다고 말해주는 사람들. 다음 이야기가 궁금하다고 나를 움직이게 하는 사람들. 힘들고 지친 날 다정한 응원을 보내주는 사람들. 직접 만든 예쁘고 소중한 작품을 기꺼이 서로 나누는 사람들. 특별한 것 없는 내 이야기를 끄적여 두었을 뿐인데 좋은 사람들이 자꾸 내게로 왔다.

덕분에 건조했던 나의 매일이 기록할 만한 가치가 있는 시간이 되었다. 그들의 응원에 기대 한없이 쪼그라들었던 어깨를 조금씩 열어냈다. 구깃해진 마음을 펼쳤더니 좋아했던 것들과 하고 싶은 것들이 다시 기억나기 시작했다. 퍼석한 하루에 생기가 돌았다. 내가 주인공이 되는 풍성한 이야기가 매일을 채우기 시작했다. 블로그에 모았던 여행의 추억들을 다듬었더니 출간의 행운도 따라왔다. 내 책이라니. 남의 꿈 같던 일이 내 인생에서 현실이 되었다. 게다가 이곳엔 나의 성취를 자기 일만큼이나 기뻐하고 응원해주는 사람들이 있었다.

그제야 깨달았다. 블로그는 살면서 내 인생에도 한번은 찾아올 거라고 믿었던 기회로 가는 문이었다. 누구에게나 열려있었는데, 있는지도 몰랐던 문이었다. 평범해 보이는 이 문을 일단 열고 들어서기만 하면, 어떤 색의 빛이든 얼마만큼의 밝기든 품어주고 반겨주는 이상하고 아름다운 세상이 거기 있었다. 서로의 삶을 부러워도 하고 격려도 해주고 응원의 박수도 보내면서 인생의 주연도 되고 조연도 되고 관객도 되는 곳. 이 세상에서만큼은 우리 모두 자신만의 매력을 뽐내는 주인공이 된다. 작지만 밝은 내면의 불을 깜빡이는 반딧불이들이 모여 장관을 이루는 곳. 그렇게 우리끼리 지지하고 호응하며 우리만의 세상을 넓혀간다. 특별한 재주가 없어도, 큰 자본이 없어도, 그저 꾸준히 아끼는 마음 하나면 누구든 함께 할 수 있는 블로그 세상. 잊었던 꿈에 다시 도전할 기회를 주고, 미처 깨닫지 못했던 재능을 일깨워주는 곳. 외롭고 지친 마음엔 따뜻한 쉼을 주고, 조금 부족했던 오늘엔 좀 더 나은 내일을 다짐하게 하는 곳. 그런 서로를 응원하는 진심이 가득한 세상.

이 이상하고 아름다운 세상에 더 많은 이들을 부르고 싶다. 뻔하고 무거운 일상에 지쳐 무기력하게 하루를 보내는 사람, 싱싱하고 즐거운 내 하루를 자랑하고 싶은 사람, 작은 재주이지만 조심스럽게 내보이고 싶은 사람, 어렵게 깨달은 비법을 더 많은 사람에게 널리 알리고 싶은 사람. 모두 이곳에서 서로 연결해주고 싶다. 내가 블로그라는 세계에서 만난 놀라운 변화가 당신에게도 일어나길 바란다.

Contents

프롤로그　　이상하고 아름다운 블로그 세계　　　　　　　　　　04

Chapter 1　　대체 블로그가 뭐라고?

시작은 야근이었다　　　　　　　　　　　　　　　　　14

ID는 idealjinious, 별명은 새벽보배　　　　　　　　　17

방문객 수, 그게 뭐라고　　　　　　　　　　　　　　22

난 네게 반했어!　　　　　　　　　　　　　　　　　28

블로그? 난 그런 거 못 해　　　　　　　　　　　　　32

오늘도 나는 노출을 기다린다　　　　　　　　　　　　36

씁쓸한 저품질의 세계　　　　　　　　　　　　　　　42

블로그의 빛과 그늘　　　　　　　　　　　　　　　　47

인플루언서 지원, 신청과 거절의 랠리　　　　　　　　53

블태기엔 마음을 살펴주세요　　　　　　　　　　　　59

Chapter 2　블로그, 그것이 알고 싶다

악한 자들이 부지런하다   66

체험단과 양심 사이   72

블로거의 검색법   78

동충하초 대신 블로그   84

블로그계의 그알   89

제가 알아서 쓸게요   94

블로그 안 팔아요   100

밥벌이를 잘 부탁해   105

단군의 블로그 자손   112

검색만 하다 골든 타임을 놓칠 수도 있어요   116

Chapter 3   임금님 귀는 당나귀 귀

임금님 귀는 당나귀 귀   124

당신을 응원합니다   129

출동, 동명동도마도   133

생활형 전문가들   137

핑프족, 저한테 답 맡겨두셨어요?   142

블로거의 여행법   146

어떻게 이웃을 끊을 수가 있어요?   152

블밍아웃 사절   158

자아도취, 자기위로, 자아성찰   162

무한반복 퇴사 타령   168

Chapter 4 나의 소중한 인플루언서들

블로그 너머 친구   176

라일락 향기   181

늘여름처럼만   184

에피의 날마다 좋은 하루   189

책 꼬리잡기의 기쁨   194

블로그 증후군   199

진짜 공감이 담긴 하트를 주세요   203

부러워서 지는 게 아니라 부럽기만 해서 지는 거다   208

코로나 시대의 블로그   213

백만장자는 글렀고, 만블은 멀었대도   217

에필로그   멈추지 않고 기록하는 사람으로 남기를   222

대체 블로그가 뭐라고?

Chapter 1

시작은 야근이었다

언제나 야근이 화근이었다. 일이 정말 많기도 했지만, 내 몫을 빨리 끝내도 집에 가지 못하던 시절이었다. 90년대생이 오기 전이라 다 같이 하는 야근이 당연하던 날이었다. 먼저 가겠다고 말하면 안 될 것 같은 분위기에 압도되었던 사회 초년생, 함께 야근하는 게 의리라고 생각하면서 자리를 지켜야 했던 어린 날이 내게도 있었다. 진심은 먼저 퇴근시켜 버려서였을까, 내가 벌이는 많은 작당이 야근의 시간에 일어났다. (죄송해요, 팀장님. 하지만 이해하시죠? 그때 우리 좀 심했잖아요.) 갑자기 몽골 여행을 결정하거나, 비싼 뮤지컬 표를 끊는다거나, 읽을 시간도 없는 주제에 열 권도 넘는 책을 한 번에 주문하거나. 끝이 어딘지 알 수 없는 야근에 질식할 것 같을 때마다 인터넷 창을 열고, 숨 쉴 구멍 같아 보이는 것들을 대책 없이 지르곤 했다. 일주일부터 삼 개월까지 유통기한도 제각각인 숨구멍이었지만, 뭐라도 찾아야 좀 살 것 같았다. 그렇게라도 해야 야근의 늪으로 서서히 끌려들어 가면서도 작은 빨대 하나 늪 밖에 내놓고 숨구멍 삼아 물고 있는 것 같은 안도감이 생겼다. 그러고 나서 다시 끝없이 깊은 업무의 바다로 몸을 내던지던 막막한 밤들이었다.

블로그에 대해선 말 그대로 일자무식이었다. 필요한 정보를 검색할 때 남의 블로그를 보는 건 자연스러운 일이었지만, 어떻게 만들고 꾸려가는지 생각해 본 적은 없었다. 가끔 좋은 쪽이든 나쁜 쪽이든 파워블로거들에 대해 기사가 터지던 때였다. 그래서인지 블로그라는 건 나에게는 없는 어떤 특별한 소질이 있는 사람들만 하는 거라고 생각했다. 사진을 아주 잘 찍는다거나, 패션 감각이 아주 뛰어나다거나, 대장금처럼 요리를 잘하거나, 자기 집 인테리어를 잡지에 나오는 집처럼 해 두고 사는 사람들. 그런 소질은 하나도 없는 지극히 평범한 내가 블로그를 시작하게 된 것도 야근 때문, 아니 야근 덕분이었다.

그날따라 일찌감치 내 일은 끝났고, 모두의 일이 빨리 끝나기를 바라며 하염없이 퇴근을 기다리고 있었다. 한여름의 무더위가 사그라들며 마음이 뒤숭숭해지기 시작하던 초가을, 당장 갈 곳도 살 것도 찾지 못한 밤이었다. 어쩌다 흘러 들어간 블로그에서 문득 이런 건 어떻게 올리는 걸까 궁금해졌다. 시험 기간에 공부 빼고 모든 게 재미있다면, 야근할 땐 일만 빼고 모든 게 궁금하다. 호기심에 네이버 홈페이지에 있던 '블로그'라는 글자를 눌러봤다. 몇 번의 클릭으로 내 블로그가 뚝딱 개설되었다. 이렇게 쉽다고? 포토샵 같은 건 전혀 못 하는 나인데도 꽤 그럴듯하게 블로그를 꾸밀 수 있는 인터페이스가 마련되어 있었다. 이것저것 눌러보며 미지의 영역을 떠돌아다니다 보니, 시간이 훌훌 지나갔다. 좀 더 기웃거리고 싶은데 퇴근하자고 했다. 집에 돌아와서 바로 컴퓨터 앞에 앉았다. 이제 갓 태어난 따끈따끈한, 아직은 휑하기만 한 내 블로그에 들어갔다. 밤이 늦었으니 잠깐 고민해서 적당히 블로그 명을 지었다. 이름을 붙이고 나니 괜히 더 정이 갔다. 다음날엔 찍어둔 사진 중에서 제일 느낌 있는 것으로 골라 프로필 사진 자리에 걸었다. 좀 오글거리는 소개 글도 하나 올렸다. 그게 시작이었다.

그 무수한 야근의 밤들에 배운 일머리가 이후의 직장생활에 오래도록 써먹을 양분이 되었다는 건 시간이 많이 지나고서야 알았다. 그때 그렇게 시작한 블로그가 긴 직장생활 내내 가늘고 긴 숨길이 되어줄 거라고 그땐 짐작조차 못 했다. 세상의 모든 시작엔 특별한 사연도 많겠지만, 야근에 찌든 직장인에겐 이런 시작도 가능했다.

ID는 idealjinious, 별명은 새벽보배

　나의 첫 블로그가 연결된 네이버 계정의 아이디는 내 이름의 영문 이니셜 뒤에 전화번호 끝자리를 붙인 거였다. 그런 평범한 조합의 아이디를 갖게 되기까지 구구절절한 사연이 있다. 때는 바야흐로 1990년대 후반, '우리 인터넷 다음'이라는 광고로 급부상한 '한메일(hanmail)' 계정을 만들 때였다. 내가 만들고 싶은 모든 아이디가 이미 존재했다. 내가 뻔한 만큼 사람들의 창의력도 뻔한 모양이었다. 거절이 계속되자 체념하는 마음이 되었다. 키보드 자판을 영어로 둔 채 내가 쓰고 싶은 한국어 별명을 썼다. 원하는 아이디가 '별나라'라면 'qufskfk'가 되는 셈이다. 그렇게 만들어 낸 아이디가 그대로 내 메일 주소가 되었다. 내가 컴퓨터에 직접 입력할 때는 자판만 영어로 바꾸어 두고 입력하면 되기 때문에 별 문제가 없었다. 하지만 누군가에게 메일 주소를 불러 줘야 할 경우나 손으로 메일 주소를 적어내야 할 때마다 머릿속에서 영어와 한글 자판이 뒤죽박죽되었다. 나중엔 불러주는 나는 익숙해졌지만, 듣고 받아 적는 사람은 개연성 없는 알파벳의 나열에 당황했다. B와 V를 몇 번이나 고치면서 불러주는 동안, 받아 적는 사람과 말하는 사람 모두 고생이었다.

두 번째 계정을 만들 땐 메일 주소를 단단히 염두에 두었다. 창의력 고갈에 좌절하다가, 어린 시절 별명을 영어로 직역해서 쓰기로 했다. 모두가 아는 영어단어라 불러주기도 편할 것 같았다. 하지만 별명마저 누구나 불러본 흔한 별명이었을까. 이미 모두 존재하는 아이디였다. 더 이상 떠오르는 생각도 없어서 끝에 숫자 1을 붙였다. 통과. 그렇게 두 번째 아이디가 만들어졌다. 만들 때는 꽤 귀엽다고도 생각했고, 어린 시절의 추억을 간직하는 것 같아 흐뭇하기도 했다. 그런데 어느 순간엔가 소리 내어 메일 주소를 불러줄 때마다 살짝 부끄러웠다. 나이가 한 살씩 먹을 때마다 민망함의 강도도 높아졌다. 다음에서 네이버로 넘어오면서 새로운 계정을 만들 때, 두 번의 실패를 거울삼아 완벽한 아이디를 만들겠다고 다짐했다. 부르기도 쉽고 부끄럽지도 않을 아이디. 그게 바로 이름 이니셜과 전화번호 끝자리의 조합이었다. 무난하고 평범하게. 나도 편하고 남도 편하게. 어른스러워 보이기까지 하는 아이디였다.

하지만 이 아이디가 첫 번째 블로그 주소가 될 줄은 몰랐다. 네이버 블로그의 주소는 네이버 블로그 메인 주소에 개인 계정의 아이디가 붙어서 생성된다.* 따라서 새로운 계정을 만들어 아이디를 바꾸지 않는 이상 블로그 주소도 변경할 수 없다. 흔히 대문이라고 부르는 곳에 뜨는 큰 이름이 '블로그명', 이웃끼리 서로 불러주는 호칭은 '별명'이라고 하는데 이 두 가지는 설정에서 수시로 변경할 수 있다. 하지만 블로그 주소만큼은 계정을 바꾸지 않는 한 바꿀 수 없었다.** 본의 아니게 블로그를 이사하기로 마음먹고(이유는 뒤에 나온다) 새로운 아이디를 다시 만들어야 했다. 이젠 정말 멋지고 창의적인, 내 아이디의 종착지가 될 그런 아이디를 만들고 싶었다. 이 아이디가 내 블로그 주소가 된다고 생각했더니 훨씬 진지해졌다. 아이디라는 게 영어만 가능한 탓에 괜찮은 뜻의 단어가 떠오를 때마다 영어사전으로 달려갔다. 놀라울 것도 없이 내가 생각한 괜찮은 것들은 이미 죄다 존재했다. 라틴어를 하나도 모르면서 멋있어 보이는 라틴어 단어에도 기웃거렸지만, 겉멋이 든 건 나뿐만이 아니었다. 여전히 모두의 창의력은 거기에서 거긴 모양이었다. 하지만 이미 세 번쯤 실수했다면 이젠 제대로 된 것을 찾아야 했다. 긴 고민 끝에 가식을 버리고 내가 되고 싶은 나, 가장 나다운 나부터 다시 생각해 보기로 했다. 문득 그 뜻 그대로 이상적인(ideal), 나(jin)라는 생각이 떠올랐다. 뒤에 '-의 특징을 가진(-ious)'이라는 단어가 만나 'idealjinious'가

되었다. 마지막은 '천재(genius)'와 발음도 같아서 마음에 쏙 들었다. 중복확인을 눌러보니 아무도 쓰지 않는 단어였다. 성공! 이렇게 내 블로그 주소가 완성되었다.

주소에 이쯤 공을 들였으면 그다음 중요한 건 별명이다. 블로그를 새로 시작하는 김에 별명도 신중하게 짓고 싶었다. 첫 번째 블로그는 얼렁뚱땅 만든 김에 별명도 적당히 지었는데, 한번 정해지고 나니 바꾸기도 애매해서 계속 써왔던 터였다. 이번엔 좀더 의미 있는 별명을 만들고 싶었다. 물론 블로그 별명은 언제든 바꿀 수 있다. 하지만 현실 세계에서 이름으로 나를 구별한다면, 블로그에서는 별명이 이름을 대신한다. 한번 정한 별명은 되도록 바꾸지 않는 게 좋다. 시간을 들여 관계를 맺은 이웃끼리도 별명이 바뀌고 나면 헷갈리기 마련이니까. 개명해도 오랫동안 이전 이름이 더 익숙한 것처럼. 현실에서 이름을 지을 때 뜻과 어감을 모두 생각하는 것처럼 블로그의 별명도 특별하게 짓고 싶었다. 장난스럽게 짓거나 생각 없이 만들어서 대충 불리고 싶지 않았다. 부모가 아이의 이름을 지을 때만 할까마는 이름 하나 지어내는 게 쉬운 일이 아니었다. 작명소에 찾아가는 부모의 마음을 알 것 같았다. 의미를 담자니 더 어려웠다. 엄마 아빠는 내 이름을 어떻게 지었을까 생각하다가 내 이름의 의미를 다시 떠올렸는데, 새벽(효), 보배(진), 새벽보배였다. 새삼스럽게 마음에 들었다. 현실에서도 인터넷 세상에서도 내가 변함없이 존재하는 기분이었다. 이곳에서도 그곳에서도 온전히 나답다는 생각이 들었다. 고민해서 지은 아이디의 의미와도 잘 맞아떨어졌다.

그 이후로 현실에서는 효진, 블로그 세상에서는 새벽보배라는 이름을 꾸준히 쓰고 있다. 정성을 쏟은 덕분인지 오래 쓰면 쓸수록 더 마음에 든다. 가끔 블로그 별명을 바꾸려고 고민하는 이웃님들을 볼 때면 처음부터 오래 고민하길 잘했단 생각이 든다. 주변에서 새로 블로그를 시작한다고 하면 아이디와 별명을 처음부터 잘 정하라고 당부해 준다. '내가 그의 이름을 불러주었을 때 그는 나에게로 와서 꽃이 되었다'던 시처럼, 누군가에게 가서 꽃이 될 때 조금 더 예쁘고 다정하게 불리고 싶을 테니까. 계속 불리는 그 모습을 향해 나가게 되는 현실 세계의 이름처럼 블로그의 별명은 그 세상의 이름이니까.

---

*   https://blog.naver.com/아이디
** 예전엔 몇 가지 타입 중에서 선택 가능했지만, 보안 정책이 변경되면서 현재는 네이버 아이디가 바로 블로그의 주소가 된다. 따라서 현재 네이버 블로그의 주소 변경은 불가능하다.

방문객 수, 그게 뭐라고

아무도 안 왔다. 하루아침에 우주 대스타가 되길 바라진 않았지만, 이렇게까지 방문객이 없을 줄은 몰랐다. 뭐라도 쓰면 누구라도 올 줄 알았는데, 하루에도 수십 번씩 내 블로그에 들락날락하는 건 나뿐이었다. 아무것도 모른 채로 블로그를 시작했을 때, 일 방문객이 50명 미만이었다. 글도 몇 개 없고 방향성도 없던 블로그였으니 당연하다. 하다 보면 자연스레 방문자 수도 늘어날 거라고 생각했지만, 너무 느렸다. 내 기대치로는 이미 수백 명은 들어와야 할 시기에도 늘 100명 이하였다. 방문자 수가 너무 적은 내 블로그가 지루했다. 원래 블로그란 남 보라고 쓰는 글 아닌가. 아무도 봐주지 않는 블로그에 무언가를 꾸준히 하는 건 메아리도 돌아오지 않는 허공에 대고 소리치는 기분이었다.

왜 이런 일이 있는지 이유도 모르고 어떻게 해야 하는지도 모를 때 따라 하기, 좀 괜찮아 보이는 말로 벤치마킹만큼 효과적인 방법이 있던가. 남의 블로그를 좀 더 집중해서 염탐하기 시작했다. 글의 배치, 사진의 구도, 특수문자와 스티커의 효과 같은 소소한 팁들을 주워 담았다. 조금씩 따라 해 보니 포스팅의 모양새가 그래도 좀 블로그 같아지기 시작했고, 드디어 방문객이 백 명을 넘기기 시작했다.

매일 밤 블로그들을 떠돌아다니다가 마음에 드는 블로그를 만나면 대뜸 서로이웃 신청을 했다. 욕심에 멀어 눈에 들어오는 블로그들은 최소 몇천블(몇천 명의 일 방문자를 보유한 블로그) 이상의 블로그였다. 그런 블로거와 친한 이웃이 되면 나의 블로그도 주목받지 않을까 하는 얄팍한 기대가 있었다. 그리고 당연히 대부분 무시당했다. 거절도 아니고 그저 그냥 답변이 없는 '읽씹(읽고 씹힘)'이었다. 지금 생각해 보면 생판 모르는 사람이 와서 절친하자고 덥석 악수를 청하는 꼴이다. 친구 신청보다 결투 신청 같은 느낌. 뭐 하는 사람인가 들어가 보면 색깔도 방향도 없는 블로그가 나왔을 테니 무시당하는 게 당연했다.

애면글면 일 방문객 수는 백 명을 넘겼지만, 3백 명 고지에서 늘 주저앉았다. 묘한 도전정신 같은 게 생겼다. 두고 봐라, 나도 몇천블이 되고 만다, 이런 오기 같은 것이었다. 좀 더 적극적인 방법이 필요했다. 네이버에 '블로그 방문자 늘리기'라고 검색하자 각종 묘수와 꿀팁을 털어놓겠다는 글들이 빼곡하게 올라왔다. 역시, 인간의 욕심이란 게 나에게만 있는 게 아니었다. 나의 탐욕의 일반성을 확인하자 어쩐지 안심이 되는 건 또 뭐람. 블로그 하는 사람들은 대부분 자기 블로그에 많은 방문자가 오길 바라는 거다. 하지만 현란한 제목의 포스팅을 몇 개 읽어봤더니 죄다 자가 번식한 것같이 비슷한 내용이었다. 누군가 제일 먼저 썼을 괜찮은 글을 자신의 팁인 양 짜깁기한 것들이 대부분이었다. 게다가 비법이란 게 되게 당연하고 뻔했다. 퀄리티 높은 글, 사람들이 필요한 정보를 담고 있는 글, 진정성 있는 글을 쓰라고 했다. 나 늘 글 쓸 때마다 진심이었는데.

그러다 눈에 들어온 다른 이야기는 검색 키워드를 노리라는 팁이었다. 날마다 급상승하는 키워드에 대한 글을 쓰라는 것이다. 사람들이 많이 검색하는 것들을 급상승 키워드라며 줄 세워 보여주던 시절이었다. 시험 삼아 하나를 올려봤는데, 반응이 꽤 괜찮았다. 내 블로그에는 내가 전혀 관심 두지 않는 것들에 대한 글이 늘었다. 연관될 것 같은 검색어도 잔뜩 넣었다. 나답지 않은 어색한 말투와 정신없는 스티커들이 난무했다. 그 사이 300고지를 넘지 못하던 블로그가 500을 넘어섰다. 아, 이래서 비법인가 하며 놀랍고 뿌듯해했지만, 한편으로는 어딘지 모르게 불만족스러웠다. 내 블로그에 정성껏 남의 관심사를 올리는 동안, 정작 나의 공간이 나를 잃고 있었다. 그리던 어느 날 한순간에 방문자 수가 고꾸라졌다. 욕심에 눈먼 자에게 던져진 떡밥을 제대로 물었던 나는 저품질에 빠진 것이다. 뒤에 '씁쓸한 저품질의 세계'에서 더 자세히 이야기하겠지만, 천천히 늘어났던 일 방문객 수는 한 번 고꾸라지고 나니 도무지 회복되지 않았다. 결국 첫 번째 블로그와 이별해야 했다. 그리하여 새로 만들어 이사를 온 블로그가 지금의 블로그이다.

새롭게 시작한 블로그에서는 방문객 숫자에 크게 연연하지 않기로 했다. 물론, 여전히 많은 사람이 들어오길 바라긴 했으나 한 술 밥에 배부르겠다는 욕심을 걷어냈다. 그래도 이전 블로그에서 연습했던 잔기술들이 꽤 도움이 되었다. 블로그 운영에 관한 책 몇 권을 찾아 읽으며 새로운 내용을 배우기도 했다. 무엇이든 내 시간과 노력을 들여서 경험해야 쌓이는 것이 내공이다. 내 말투, 내 사진, 내 취향, 내 관심사. 나를 쓰기 시작하자 진짜 이웃이 하나둘 늘고 진정성 있는 소통이 시작됐다. 여전히 오천블, 만블을 꿈꾸지만 서두르거나 지름길을 찾는 대신 정공법으로 가겠다고 다짐한다. 급히 먹는 밥에 이미 체해 봤으니, 똑같은 실수를 하진 말아야지.

돈 벌기 열풍이 유난했던 올해, 많은 재테크 강의에서 블로그 운영을 추천했다. 블로그에서 상품을 판매하는 마켓 사업을 하는 사람도 크게 늘었다. 광고를 위하여 블로그 체험단을 운영하는 업체들도 많아졌는데, 선발 기준은 일 방문자 수인 경우가 대부분이다. 팔로워 수를 영향력의 기준으로 삼는 인스타그램과 달리, 블로그는 이웃 수보다 일 방문자 수로 영향력을 판가름한다. 블로그의 효용이 여느 때보다 주목받는 추세다 보니 블로그 키우기와 관련된 광고가 많이 보인다. 돈을 내면 블로그 방문자 수를 증가시켜 준다는 업체는 이미 너무 흔하다. 남의 블로그를 방문해서 자동으로 댓글이나 안부 글을 남기는 프로그램까지 있는데, 심지어 무서운 속도로 진화하고 있다. 예전에는 뜬금없거나 맥락 없는 메시지를 누가 봐도 기계처럼 남겼다면, 요즘에는 방문한 포스팅의 키워드를 언급하며 사람인 척 글을 남긴다. 내 블로그에 찾아와 답글을 단 것이 사람인지 기계인지를 의심해야 하는 세상. 빨리 블로그를 키우고 싶은 마음이 이해는 가지만, 그 끝을 알 것만 같은 부질없는 잔머리들이 안타깝기도 하다.

진정성이 없는 블로그의 끝을 겪어 본 아픈 경험이 나에게 새로운 것을 배우게 했다. 그것은 아등바등한 마음을 내려놓고 느긋한 마음으로 나만의 블로그를 하라는 것이다. 블로그 귀퉁이에 작게 나오는 숫자 대신, 나의 소중한 하루에 관심을 준 이웃들의 마음을 보자. 그렇게 오가는 마음이 내 블로그를 쑥쑥 자라게 하는 양분이 되어줄 것이다.

난 네게 반했어!

블로그 방문객의 가장 큰 유입원은 검색이다. 필요한 정보를 찾기 위해 포털 사이트에 검색하면 검색 엔진은 적당해 보이는 곳으로 인도한다. 그러니 누구라도 내게 인도하고 싶으면 검색 엔진의 로직에 부합하는 글을 써야 한다. 그다음으로 많은 유입원은 이웃의 방문. 그렇다. 의리와 애정으로 뭉친 이웃끼리 서로를 방문해 주고 알은체도 해주고 하트도 찍어주고 댓글도 남겨주는 것이 꽤 큰 몫을 차지한다.

블로그를 하기 전엔 필요한 정보를 찾고 검색창을 꺼버렸지만, 블로그를 시작한 이후에는 궁금증을 해결한 후에도 그들의 블로그를 다시 한번 둘러보았다. 원래 찾으려던 내용을 잊고 블로그에 차곡차곡 쌓여있는 글에 반해서 한참을 둘러볼 때도 많았다. 몇 개의 글을 살피다가 마음속에 그린라이트가 켜지는 순간 조심스럽게 이웃 추가를 눌렀다. 그렇게 일방적인 이웃 관계를 시작해두고 꾸준히 지켜보던 어느 날에는 조심스럽게 하트를 눌렀다. 또 어느 날엔 신중하게 댓글을 달았다. 너무 부담스럽지 않게, 그렇다고 너무 가벼워 보이지도 않게. 일방적이던 이웃 관계는 그렇게 조금씩 소통하는 관계로 진화했다. 가끔은 소통도 없고 그린라이트도 희미해진 나만의 이웃을 혼자 솎아내기도 했다. 시간이 갈수록 이웃을 고르고 사귀는 기술이 조금씩 늘었다. 조금 덜 고민하고 더 자연스럽게 다가가는 능청이 늘어난 만큼 이웃의 수도 늘어났다.

세상에는 재주 있는 사람들이 정말 많았다. 이미 파워블로거로 책을 내거나 광고업계에서 막강한 영향력을 자랑하는 사람들보다 훨씬 뛰어난 재야의 고수들이 많았다. 능력 있는 사람에게 쉽게 반하는 나는 여기저기서 자주 마음을 빼앗겼다. 게다가 이미 유명인이 된 사람들은 나의 구애 따위엔 관심도 두지 않지만, 재야의 고수들은 나의 진지한 관심에 기꺼이 응답했다. 건강하고 창의적인 시우 님의 레시피나 쌍둥이 맘 콩양 님의 맛깔나는 요리 포스팅 볼 때면 이분들의 옆집으로 이사 가고 싶었다. 보니비 님의 사랑스러운 뜨개 인형을 볼 때마다 마음속엔 물욕이 솟아났고, 늘여름님의 바느질을 볼 때면 내 손으로 무엇이라도 꼬무락거리고 싶어졌다. 예알이 님의 글에서 사진 찍기의 꿀

팁들을 배웠고, one 님의 포스팅에서 이런저런 미술 지식을 귀동냥했다. 나오민 님의 즐거운 생활 포스팅을 볼 때면 나도 함께 껴서 놀고 싶었다. 포스팅된 사진의 방향, 색감, 구도에 반하고, 문장 한 줄 한 줄에 담긴 위트에 홀렸다. 나한테 없는 재주를 가진 그들 가까이에 있고 싶었다. 어디 재주뿐인가. 그저 평범한 일상에서도 무언가 마음을 잡아끄는 것이 있다면 기꺼이 그들의 이웃이 되고자 다가갔다.

어머. 어느 날엔가 이웃들의 새 글 목록을 보다가 나도 모르게 헛웃음이 났다. 갖고 싶다, 먹고 싶다, 가고 싶다, 보고 싶다, 만들고 싶다, 쓰고 싶다, 되고 싶다, 닮고 싶다… 새롭게 올라오는 이웃들의 글이 내 취향과 관심사를 넘어 욕망까지 고스란히 보여주고 있었다. 조금만 더 들여다보면 나라는 사람이 어떤 사람인지도 간파당하는 건 시간문제였다. 이래서 이웃 목록을 감추는 기능이 있던 걸까. 내가 그들에게 반한 면면은 내가 닮고 싶고 되고 싶던 삶의 모습이었다. 요리, 사진, 인테리어, 여행, 다이어트, 글쓰기, 삶의 자세. 오랜 시간을 두고 변화해 온 나의 관심사의 변천사가 거기 있었다. 나의 이웃들은 한 명 한 명 모두 나의 롤모델이었다.

오늘도 새로운 이웃의 블로그에서 슬그머니 이웃 추가 버튼을 누르고 왔다. 블로그 홈에서 이웃의 이웃을 만나보라는 알림을 따라갔다가 또 쉽게 반하고 만 것이다. 이웃의 이웃끼리도 결이 비슷한 경우가 많아, 호기심에 구경 갔다가 이웃 추가를 누르고 오는 경우가 다반사다. 이미 나는 알고리즘에 간파당한 모양이다. 쉽게 들킨 마음 덕에 좋은 이웃을 찾아낸 것 같아 고맙기도 하다. 또 혼자 조용히 지켜보며 다가갈 생각에 마음이 두근거린다. 블로그의 세계에서 더 자주 반하고 싶다. 나의 이웃은 나의 설렘만큼 늘어갈 것이다.

블로그? 난 그런 거 못 해

현실 세계의 지인 중에서 나의 블로그 생활을 부러워하는 사람들이 많다. 이웃끼리의 정모라든가 선물 주고받기 이벤트 같은 다양한 활동이 즐거워 보인단다. 하지만 무엇보다도 부러운 건 '공짜'인 것 같다. 제품 협찬, 음식점 체험단, 공연 초대같이 무료로 찾아오는 다양한 기회가 부러운 모양이다. 그런 건 소위 '인플루언서'라는 다른 세계의 사람들만 하는 건 줄 알았는데, 가까이 있는 (지극히 평범해 보이는) 나도 그런 기회를 누리는 게 신기한가 보다. 그럴 때마다 블로그를 시작하라고 적극적으로 권장한다. 다단계 판매원이라도 되는 것처럼 열정적으로 자주 권한다. 블로그의 희로애락을 잘 생각해 보면 역시나 장점이 단점보다 많으니까. 하지만 영업 성공률은 형편없다.

"아휴, 난 그런 거 못 해."

지인들의 반응은 대부분 이렇다. 컴퓨터나 스마트폰의 간단한 기능만 알면 누구든 할 수 있는 게 블로그인데, 시작도 하기 전에 못 한다고 말한다. 어려운 게 하나도 없고, 이웃님들 중에 연세가 70이 넘은 분도 많다고 아무리 말해봐야 소용없다.

제일 많이 등장하는 이유는 '글을 못 쓰기 때문'이다. 하지만 내 블로그에 와서 노벨상 수상작을 기대하는 사람은 없다. 등단을 목적으로 글을 쓰는 것도 아니고, 블로그에 글 좀 못 쓴다고 누가 욕하는 것도 아니다. 그냥 쓰면 된다. 짧아도 상관없고 좀 어색해도 괜찮다. 그렇게 블로그 하는 분들도 정말 많다. 사진은 넣으면 좋지만, 안 넣어도 상관없다. 꼭 사진작가가 찍은 것 같은 사진을 올려야 하는 것도 아니다. 요즘엔 사진기를 샀는데 전화 기능이 따라왔나 싶을 정도로 휴대폰 카메라의 성능이 뛰어나지 않은가. 비싼 카메라를 따로 준비할 필요도 없이 스마트폰으로 찍은 사진을 쓰면 된다. 글도 쓰다 보면 늘고 사진도 찍다 보면 는다. 남의 포스팅을 보다가 마음에 드는 걸 찾으면 따라 해봐도 된다. 사진의 구도도 바꿔서 찍어보고, 글과 사진의 배치도 따라 해보면 자연스럽게 늘기 마련이다. 크게 힘들이지 않아도 글 한 편쯤은 뚝딱 써지는 그런 날이 분명 온다. 처음부터 손사래 치는 이유는 블로그의 기준을 전문 인플루언서 수준으로 생각하기 때문이다. 다리도 안 생긴 올챙이가 개구리처럼 점프할 생각부터 하니까 못한다는 얘기가 나오는 게 아닐까. 눈을 낮추고 겸손하게 시작하면 된다. 글이나 사진부터 먼저 배운 다음에 본격적으로 시작해 보겠다고 하는 사람들도 있다. 그런 사람치고 진짜 시작하는 사람을 본 적이 없다. '본격'은 일단 '시작'부터 해야 가능한 거다. 뭐가 됐든 얼렁뚱땅 시작부터 하고 나면 굴러가게 되어있다.

다음으로 자주 나오는 블로그를 못 하는 이유는 '시간이 없어서'이다. 물론, 바쁜 세상이다. 직장도 다녀야 하고, 가사도 해야 하고, 자기 계발도 해야 하고, 취미생활도 해야 하는데, 이 모든 것을 다 잘하려면 휴식도 해야 한다. 안다. 나도 바쁘다. 아마 내 주변에서 바쁜 사람으로 치면 최상위권에 들 것이다. 그런 나도 블로그를 한다. 시간이 없다는 이유는 관심이 없고 우선순위에서 밀린다는 얘기일 뿐이다. 진짜 하고 싶으면 새벽 네 시에 일어나서 베이킹도 한다. (그런 워킹맘 직장 동료가 있다.) 블로그라는 게 처음에 배울 때야 좀 느리지만, 자투리 시간으로도 얼마든지 할 수 있다. 지하철을 타고 이동하는 길에서도 하고, 점심시간에 잠깐 짬을 내서도 할 수 있다. 임시저장 기능을 활용하면 하나의 글을 몇 번에 나눠서 쓸 수도 있다. 쓸데없이 스마트폰을 들여다보면서 이것저것 들여다보며 흘려보내는 시간이면 블로그를 하기에 충분하다. 자동 추천으로 끊임없이 재생되는 유튜브를 넋 놓고 보는 시간을 조금만 줄이면 된다. '시간이 없다'라는 핑계를 대는 사람치고 진짜 시간이 없는 사람은 별로 못 봤다. 정말 바쁜 사람은 내가 누리는 블로그 생활을 부러워할 시간도 없다.

이 세상에서 거저먹을 수 있는 건 엄마가 차려주는 밥상 정도밖에 없지 않을까. 그것도 몇 번 날로 받아먹다 보면 눈치를 보게 되지 않던가. 블로그라고 해서 다를 바 없다. 시간과 공을 들여야 한다. 하루에 수천, 수만 명씩 방문객들이 찾아오는 블로그들도 그만큼 에너지를 쏟고 연구를 하고 노력을 해서 얻어낸 결과물이다. 인내심도 필요하다. 블로그를 시작했다가도 얼마 가지 못해 손을 놔 버리는 사람들이 정말 많다. 마음은 저 앞에 가 있는데 현실은 제자리걸음이라고 제풀에 지쳐 나가떨어져 버리고 만다. 하지만 블로그도 분명히 공을 들인 만큼 보상이 따라오는 시스템이다. 하루아침에 인플루언서가 되고 싶다는 욕심을 버리고 차곡차곡 글을 모아야 한다. 빨리 되고 싶은 만큼 공부하고 애정과 시간을 더 쏟아야 한다. 그러다 보면 어느 날엔가 글도 늘고 사진도 늘고 소통도 늘어 결국 재미도 는다. 어딘가 부족해 보이던 내 블로그가 어느 날엔가 내가 꿈꾸던 블로그에 가까워진다. 그리고 그렇게 만들어진 블로그는 온전한 '내 것'이다. 내가 노력하는 만큼 내 것이 될 내 인생에는 블로그도 포함된다. 그러니까 조금이라도 구미가 당긴다면 지금 당장 시작하자, 나만의 블.로.그.

오늘도 나는 노출을 기다린다

이게 무슨 129, 네이버 첫 메인.

이웃 새 글에 올라온 글 제목을 읽자마자 부럽다. 오늘 아침 그
녀는 아마 유난히 많은 방문객 수에 어리둥절하며 하루를 시작했
을 것이다. 그리고 쏟아지는 하트와 댓글, 점점 높아지는 방문객
수에 둥실둥실 설레는 기분으로 하루를 보내겠지. 축하한다는 댓
글을 남겼지만, 더 진한 마음은 부러움이었다. 아, 좋겠다. 네이버
메인에 소개되는 것이 별일도 아니란 듯이 '메인에 또 소개되었
네요.'라고 말하는 파워블로거들의 포스팅을 볼 때는 그저 다른
세상 이야기이겠거니 한다. 하지만 내 블로그와 비슷한 정도라고
생각했던 그녀의 블로그가 메인에 노출되었다는 소식에는 진심
어린 부러움이 따라왔다. 그깟 네이버 메인이라고 생각해 버리기
엔 그게 뭐가 좋은지 아니까 배가 아픈 거다.

휴대폰으로 네이버 앱에 접속하자마자 보이는 메인 페이지에는 옆으로 휙휙 페이지를 넘길 때마다 다양한 주제의 카테고리가 있다. 뉴스, 연예, 스포츠, 쇼핑, 우리 동네, 뭐하지, 책방, 리빙 같은 것들. 각 카테고리의 가장 처음에 나오는 화면이 메인 페이지인데, 휴대폰 화면을 옆으로 쓱쓱 넘기다가 제목이나 사진에 호기심이 생긴 사람들이 많이 들어온다.

나의 처음이자 현재까지 마지막이었던 네이버 메인 노출은 2016년이었다. 아침에 일어났는데, 블로그의 신규 알림을 나타내는 빨간 동그라미 속 숫자가 비정상적으로 많았다. 이웃 추가도 이상할 만큼 많았다. 하루 방문객이 많아야 3백 명이던 내 작은 블로그도 소문으로만 듣던 어뷰징 공격 같은 걸 받는 줄 알았다. 나중에 고객센터에 신고라도 해야 할까 싶어 캡처까지 했는데, 공격이 아니라 노출이었다. 네이버 리빙판의 메인화면에 내 블로그 포스팅이 올라와 있었다. 리빙판에 올라오는 건 주로 인테리어라든가, 집 청소, 살림 노하우 같은 글이었다. 그런 것들과 전혀 관계없는 포스팅만 하던 내 블로그의 첫 메인 노출이 리빙판이라니. 터키에서 지내는 동안 다녀온 그릇 가게가 그날의 공신이었다. 성능 좋은 카메라로 공들여 사진을 찍어 온 것도 아니고, 문장 하나하나에 정성을 담았던 것도 아니었다. 알록달록하고 화려한 그릇이 많길래 그릇 좋아하는 언니나 보여줄 생각이었다. 쓱쓱 휴대폰으로 찍어 왔던 것들을 그냥 지우기 아까워 호로 록 글 한 편에 담아 올린 게 다였다. 그런데 그게 메인이라니. 그 간 내가 열과 성을 다해 써온 글은 제대로 스포트라이트 한번 못 받아 봤는데…. 기쁨과 허무가 교차했다.

과정이야 어떻게 되었든 메인화면에 노출된 효과는 어마어마 했다. 하루 300명에 불과하던 블로그의 일방문자 수가 3만 명을 넘겼다. 그때만 해도 방문객 이벤트를 지정할 수 있던 때라 멀게 만 보이는 5만이라는 숫자에 이벤트를 걸어 둔 상태였다. 적금 만 기를 기다리는 마음으로 5만 번째 방문객이 누굴까, 무슨 선물을 보낼까 혼자 행복한 고민을 하던 중이었다. 평균적인 일 방문객 수로는 어림잡아 적어도 3개월 이상은 기다려야 할 일이었다. 하 지만 하루 만에 몰려든 방문객들로 내 이벤트는 그날 바로 달성 되었다. 이벤트에 당첨되었을 누군가는 나의 오랜 기다림은 알 바 아니라는 듯 뺑소니 운전자처럼 이벤트를 무시하고 지나갔다. 방문객 수도 놀라웠지만, 정말 놀라운 효과는 돈이었다. 네이버 블로그에서 수익과 연결되는 애드포스트의 금액을 확인해 보고 는 정신이 확 들었다. 전날까지 영원(0원) 다반사에서 많이 벌면 츄파춥스(300원)였던 수익이, 단 하루에 6만 원을 넘겼다. 다음날 도 노출의 잔상을 타고 만 오천 원을 찍었다. 거의 일 년 치 수익 이 단 2일 만에 만들어졌다. 물론 3일째부터는 급격히 줄어 곧 다시 60원 수준으로 돌아왔지만.

그날 이후, 네이버 메인에 소개된 이웃들의 소식을 들을 때마다 그들의 수익을 자연스럽게 추정해 보게 되었다. 아, 저 사람은 오늘 몇만 원은 벌었겠네, 메인에 연달아 소개되다니 대체 저 파워블로거는 얼마를 버는 걸까. 평균 일 방문객이 수천, 수만을 넘는 블로그를 볼 때면 나도 모르게 그들의 수익을 어림잡아 계산하고 있었다. 심지어 메인에 소개되는 블로거들을 어떻게 선정하는지 그 과정에 대해 의심하기까지 했다. (내 기준에서) 조악한 수준의 포스팅들이 메인에 소개될 때면 의심은 더 깊어졌다. 메인에 걸릴 글을 고르는 누군가의 선구안에 기가 찼다. 설마 네이버 담당자의 지인은 아니겠지? 뒤에서 따로 광고비를 내고 메인에 올라오는 건 아니겠지? 메인에 올라온 포스팅보다 내 포스팅이 훨씬 좋은데, 왜 나는 소개가 안 되는 걸까. 애가 탔다. 그러면서도 어떻게 써야 그들의 눈에 들어올까 전전긍긍했다. (아 진짜 못났네…) 서점에서 몇몇 베스트셀러를 볼 때 '이 정도는 나도 쓰겠다.' '내가 쓰는 게 훨씬 낫겠다.' 하고 생각했던 얄팍한 마음과 결이 같은 질투였다.

현실 스트레스를 줄여보려고 재미있는 취미생활로 시작한 블로그였는데, 메인 노출을 노리는 글을 쓰겠다고 욕심을 부리고 나니 일상생활까지 스트레스가 되었다. 이거면 되지 않을까? 이

거 좀 좋은 아이템 아닌가? 사람들이 이런 거 안 좋아하나? 이거 리빙 메인감 아닌가? 요즘 여기가 핫플이라던데, 이걸로 할까? 일상생활 하나하나를 메인 페이지 프레임으로 바라봤다. 사람이 안 하던 짓을 하면 본인도 보는 사람도 어색하다. 나의 포스팅은 전과 다르게 방향을 잃고 휘청거렸다. 그러던 어느 날 퍼뜩 정신이 들었다. 내가 지금 무슨 짓을 하고 있는가. 대체 돈 얼마에 나의 색깔, 나의 정체성을 잃어버렸단 말인가. 나는 누구고, 무슨 글을 쓰고 있는 건가. 이러다간 저품질의 나락으로 또다시 떨어질지도 모를 일이었다. 에라, 이 미련한 중생아.

애초에 돈을 벌겠다고 블로그를 시작한 것도 아니었다. 애드포스트를 신청했던 것도 뭐라도 좀 생기면 좋고 아니면 말자 정도였다. 그런데 고작(은 아니지만) 3만 명의 방문객, 10만 원이 채 안 되는 수익에 나는 그동안 내가 유지해 온 블로그의 결을 홀랑 잃어버린 것이다. 더 빨리, 더 많이, 더 높이 가고 싶어서. 시간을 두고 조심히 관계 맺고, 질 좋은 포스팅으로 방문객을 모아나가야 하는데, 나는 또 지름길을 찾고 있었다. 갑자기 나의 탐욕과 정면으로 마주하게 되자 숨을 곳도 없이 얼굴이 화끈거렸다. 내가 네이버 메인 페이지 노출에서 얻고 싶었던 것은 방문객 숫자일까, 아니면 애드포스트의 수익일까. 내가 탐낸 것은 돈일까, 유명세일까. 역시나 둘 다일까. 대체 나는 왜 여기에 이렇게 집착했을까 짚어보니 역시나 숫자, 그놈의 숫자가 문제였다. 단체생활을 시작한 이후 언제나 숫자와 순서로 정리되고 평가되던 경험은 취미생활마저 경쟁적으로 달려들게 했다. 나는 이기도록 훈련받은 경주마 같았다. 이 지긋지긋한 경쟁심리에서 나는 언제쯤 자유로울 수 있을까.

네이버에서는 각 메인 페이지 구성을 네이버에서 직접 하고 있지 않다고 한다. 각 섹션 별로 계약된 회사들이 네이버를 대신하여 해당 페이지를 운영한다. 메인을 구성하는 콘텐츠도 각 회사의 요구나 방향성에 맞게 선별되는 듯하다. 그리고 네이버 메인 페이지 노출의 '목적'을 가진 글들은 스팸 블로그(흔히, 저품질이라고 하는 그것)로 분류되어 그간의 공든 탑을 무너뜨리는 경우가 많다고 한다. 역시나 인간의 생각이란 다 비슷비슷하여 나 같은 사람이 많은가 보다. 또 한 번의 통렬한 자기반성과 함께 다시 이전의 나다운 블로그 생활로 돌아왔지만, 여전히 나는 욕심이 난다. (사람, 그렇게 쉽게 안 변한다.) 더 많은 사람이 내 블로그에 와 주면 좋겠고, 종종 메인 페이지에 소개되면 좋겠다. 하지만 자연스럽게, 편안하게, 나답게 블로그 생활을 하기로 한 다짐은 잘 지키고 있다. 어쩌다 로또처럼 갑자기 메인 페이지에 소개되는 날들이 오겠거니 하며. 꾸준히 쓰다 보면 그런 날도 있겠지. 없으면 말고. 아, 그래도 있으면 좋겠다. 이왕이면 자주.

혹 갔다. 정말 한순간에 나락으로 떨어졌다. 세 자리 숫자를 유지하던 일 방문객 숫자가 십 분의 일 정도로 확 줄어든 것이다. 심장이 벌렁거렸다. 아무리 작고 귀여운 일 방문객 수라고 해도 2년 동안 애써 일궈놓은 숫자였다. 블로그 방문객 수, 그게 뭐라고 내가 소중히 여기던 것을 강제로 빼앗기는 기분마저 들었다. 매일 하던 대로 했을 뿐인데, 갑자기 이러는 이유가 무어냐고 따져 묻고 싶은 심정이었다. 안정감 있게 사귀어 오던 애인이 하루아침에 얼굴을 싹 바꾸고 이별을 고해오면 이런 기분일까. 억울했다. 알고 당했으면 덜 억울했을까. 아니, 알았다면 아예 시작조차 안 했거나, 적당히 해보다가 내가 먼저 이별을 고했거나, 관계를 잘 유지하기 위해 조심했겠지. 모르고 당했다는 사실에 불안과 짜증이 묘하게 교차했다. 이 증상의 원인을 찾아 또 정보의 바다로 헤엄쳐 들어갔다.

최적화 블로그, 저품질 블로그, 3페이지 블로그···. 블로그의 상태를 표현하는 말도 다양했다. 그 가운데 내 블로그의 상태를 나타내는 말은 하필이면 '저품질'인 것 같았다. 증상의 이름을 찾아내고는 더 화가 났다. 저품질이라니. 나의 글들이 모인 이 공간이 업신여김 당하는 기분이 들었다. 내가 읽고, 먹고, 보고, 입고, 듣고, 생각한 것들에 대한 기록을 감히 누가 '저품질'이라는 한마디로 평가할 수 있단 말인가. 누구도 직접 나한테 대놓고 "너의 블로그는 저품질이야."라고 단언한 적은 없지만 나는 이미 분에 겨웠다.

'카더라' 말고 제대로 된 확인이 필요했다. 고객센터에 문의를 남겼다. 하루아침에 블로그 방문객 수가 결딴났는데 정말 소위 말하는 저품질이란 것인지, 아니면 무언가 착오가 있는 것인지, 바로잡으려면 내가 어떻게 해야 하는지 알려달라 청했다. 고객센터답게 예의 바르고 건조한 말투로 궁금증은 크게 해결해주지 않는 모호한 답이 돌아왔다. '저품질 블로그란 것은 존재하지 않으며, 방문자 수의 급변은 자연스러운 현상'이라고 했다. 내 블로그에 대한 정확한 이유나 해결 방법은 알려 줄 수 없다는 말도 잊지 않았다. 이 상황이 자연스럽지 않은 건 나뿐이란 말인가.

개인이 운영하는 일상 블로그는 따뜻함에서 시작한다. 평범한 하루를 공유하고, 혼자 알고 있기 아까운 정보를 나누고, 이웃과의 소소한 연대를 기대하는 마음은 순수함에 기반한다. 방문객수의 증가는 시간과 노력을 나눔에 대한 큰 심리적 보상이 된다. 이렇게 소박한 행복을 누리던 내가, 인지하지 못한 채 어떤 실수를 했을 뿐인데, 방문객 수가 바스러지는 건 너무 가혹했다. 사전 경고 같은 것이 있었으면 좋았을 텐데 말이다. 게다가 블로거들 사이에서 이 증상을 지칭하는 '저품질'이라는 단어는 너무 난폭했다.

물론 이런 단어는 네이버에서 만든 것이 아니다. 추측해 보건대 IT에 무지한 블로거들을 상대로 돈을 벌고 싶은 전문가들이 만들고, 퍼뜨리고, 그렇게 자리 잡았을 것이다. 돈 냄새를 맡는 자들은 어디에나 있기 마련이고, 그들은 대개 발 빠르고 정확하다. 블로그 '등급'이라든가 '지수'를 진단해 주는 유료 서비스들이 횡행했다. '저품질 블로그'의 원인과 해결 방법을 알려준다는 제목의 글은 꼭 어느 회사의 유료 서비스로 연결되었다. 단숨에 상위블로그로 만들어 준다는 비법이 담긴 책과 유료 교육 광고는 오늘도 여전히 넘쳐난다. 그들은 블로거들을 또 하나의 경쟁 사회로 몰아넣고 있었다. 그들은 말의 힘을 잘 알고 있었다. 부정적인 단어가 가지고 오는 불안감을 사용하는 방법을 알고 있었다. 그렇게 블로그 세계에서도 순위를 매기고, 뒤처지면 안 될 것 같은 조급함을 선동하고 있었다. 그 뒤에는 경쟁 사회에서 뛰어나진 못해도 뒤처지고 싶지 않던 마음을 숨기지 못한 내가 있었다.

저품질 탈출 간증을 찾아 읽어가며 그들의 시도를 따라 해보기도 했으나, 한번 나락으로 떨어진 방문객 수는 쉽게 회복되지 않았다. 블로그 같은 건 한번 해봤으니 그만두고 내 하루는 일기장에나 쓰자고 생각한 적도 있다. 하지만 이미 댓글과 공감의 큰 힘을 알아버린 후였다. 문제는 방문객이 적은 블로그에 대한 사랑이 전처럼 활활 타오르지 않는다는 것이었다. 댓글과 공감은 방문객 수에 비례하니까.

2년 가까이 차곡차곡 모아온 추억이 미련으로 남아 단번에 이별하지도 못하고, 충만한 사랑을 주고받지도 못하는 어정쩡한 시간을 일 년 넘게 보냈다. 똥차를 보내야 새 차가 온다는 연애 격언을 떠올리며, 나의 첫 번째 블로그를 과감하게 닫고 새로운 블로그로 이사했다. 그리고 네이버에서는 부인했지만, 불문율처럼 여겨지는 카더라 세계의 교훈을 거름 삼아 새로운 블로그를 잘 꾸려나가고 있다. 예를 들면 되도록 불법 광고는 절대 하지 않고, 똑같은 글을 여기저기 다른 웹사이트에 복사−붙여넣기 하지 않고(유사 문서로 인식된다), 인용한 글이나 사진의 출처는 반드시 밝히면서. 그래도 가끔 살짝 주저앉는 방문객 수를 확인하는 날엔, 여전히 마음이 한번 쿵 하고 떨어진다. 쓸쓸한 저품질의 세계를 다시는 경험하고 싶지 않다. 조심조심 두 번째 블로그를 운영하면서 기본만 제대로 지켜도 별일이 일어나지 않는다는 걸 배운다. 대체 첫 번째 블로그에서 나는 무슨 실수를 했던가 아직도 아리송하지만, 누구나 처음엔 실수하기 마련이니까 크게 배운 셈 친다. 큰 욕심을 내려놓으면, 한방이라는 헛된 꿈만 버리면 이 세계는 꾸준히 다정하고 한결같이 따뜻할 것이다. 오늘도 조심조심 살금살금 나의 소중한 블로그를 살핀다.

* 2016년 7월, N사에서는 공식 블로그의 운영정책에서 '최적화 블로그'와 '저품질 블로그'에 대해 해명하기에 이른다. (https://blog.naver.com/naver_search/220766056734)

** 2020년 10월, N사에서는 고객센터에 방문자 급증/급감에 대한 FAQ를 공지하기에 이른다. '블로그 방문자가 갑자기 증가하거나 평소와는 다르게 낮아지는 것은 블로그 이용 중에 발생할 수 있는 자연스러운 현상이며 특히, 방문자나 게시글 조회 수의 급증/급감이 발생된 뚜렷한 원인을 찾는 것은 실질적으로 매우 어렵고 불가능에 가깝습니다.'라고. 답을 들어도 믿지 못하고 다시 물어본 사람이 나뿐만은 아니었던가 보다. (https://help.naver.com/support/contents/contents.help?serviceNo=520&categoryNo=18201)

블로그의 빛과 그늘

'파워블로거 되기'

블로그에 본격적으로 재미를 붙여가던 무렵, 소박하지만 원대한 꿈이 있었으니 그것은 파워블로거가 되는 것이었다. 각국의 관광청들과 협업해서 세계 곳곳을 누비는 여행 블로거들을 보면서 생긴 목표였다. 그들은 대부분 하루에 수만 명의 방문자가 찾아오는 블로그를 운영하는 파워블로거였다. SNS 플랫폼도 몇 없고 블로그에 올라오는 글이 대중에게 공개되는 정보의 상당량을 차지하던 시절이었다. 네이버는 자체적인 기준으로 영향력이 있는 블로거들을 선별하여 '파워블로거'라는 타이틀과 함께 배지 모양의 스티커를 제공했다. 블로그 계의 훈장 같은 느낌이랄까. 그 훈장을 달고 있는 블로거들의 영향력은 실로 엄청났다. 대기업들도 파워블로거들을 통해 제품을 광고하려고 열을 올렸다. 그들의 한마디에 장사가 잘되고 망하는 음식점들도 생겨났다. 파워블로거가 되기 위한 비법서들도 많이 출간되었다. 하지만 우후죽순 늘어나는 블로그 수만큼 꾸준히 문제도 터져 나왔다. 관련 법도 미비하던 시절이라 블로거들이 뒷돈을 받고 홍보 글을 쓴다는 논란도 많았다. 파워블로거들이 연루된 사기나 갑질 사태도 있었다. 논란과 잡음이 끊이지 않아서일까, 네이버는 2016년 파워블로그 제도를 취소해 버리고 말았다.

블로그를 하면서 삼았던 내 목표는 하루아침에 사라졌지만, 파렴치한 블로거들의 어이없는 활약상은 계속된 모양이다. 급기야 블로그에 거지를 더한 '블로거지'라는 말까지 생겨났다. 자기가 영향력이 큰 블로거이니 음식이나 서비스를 무료로 내어놓으라고 요구하는 사람들을 지칭했다. 파워블로거가 되는 것도 힘들지만, 그렇게 뻔뻔한 요구를 하는 것도 아무나 할 수 있는 일은 아닐 것 같은데 그런 사람들이 꽤 있었던 모양이다. 블로그가 엄청난 영향력을 행사할 만큼 대단한 것도 아니고, 무료를 먼저 요구할 배포도 갖지 못한 나는 블로거지가 될 깜냥이 못 되었다. 파워블로거로도 블로거지로도 역량 미달이었다. 블로그에 관한 부정적인 기사를 볼 때마다 블로거들을 싸잡아 욕먹게 하는 저런 사람들은 대체 뭐 하는 사람들일까 싶어서 혀를 끌끌 찰 뿐이었다. 내 주변에서 쉽게 볼 수 없는 사람들일 거라 생각했다. 하지만 한번 겪고 보니 규모나 형태의 차이일 뿐 그런 사람들이 생각보다 많았다.

블로그 이웃들끼리 블로그에 활력을 주거나 블로그를 알리고 싶은 마음에, 혹은 각자 도모하는 일이 있을 때 종종 이벤트를 연다. 가벼운 선물을 걸고 하는 경우가 많은데, 정말 별별 사람 다 있다. 한 번은 내가 가까운 이웃 두 분과 연합해서 이벤트를 열었다. 세 명의 블로그에 이벤트 소식을 알리고, 중복 신청은 안 되니까 한 곳에만 신청해야 한다고 분명히 공지했다. 이벤트가 마감된 뒤 신청자를 정리하는데, 같은 이름으로 세 블로그에 모두 신청한 사람이 있었다. 우리가 이벤트에 설명을 충분히 못했던가. 어이없어하는 나에게 한 분이 대수롭지 않다는 듯 설명해 주셨다. 운 좋으면 한번 받을 선물을 세 번까지 받을 수도 있을 테니까, 하다못해 한 번은 얻어걸릴 확률이 더 높아지니까 알면서도 그렇게 신청하는 거란다. 이런 뻔뻔한 사람이 진짜 있었다.

"이벤트 하면 별별 사람 다 나와요. 그저 공짜라면 좋아서 이벤트만 검색해서 찾아다니는 사람들도 많거든요. 그러니까 블로거지라고 말이 나오는 거죠."

이런 경험담을 이야기했더니 블로그 이웃들이 겪은 블로거지

담이 쏟아졌다. 한 분은 그냥 이웃들과 소소한 재미를 나누기 위해 이벤트를 열었다. 아주 비싼 물건들은 아니었지만, 여러 명에게 보내기 위해 택배비는 착불이라고 사전에 공지도 했다. 평소 친하게 지낸 이웃들에게만 몰아줄 거면 이벤트를 하지도 않았을 테니, 나름 공정하게 뽑기 같은 것으로 선발했단다. 모르는 분이 당첨되었는데, 이벤트를 할 거면 택배비까지 내야지 왜 착불이냐는 말을 슬쩍 흘리더란다. 당첨자 선정 방법이 공정했냐고 따지는 사람도 있다고 했다. 좋은 의도로 했던 이벤트였는데 정나미가 뚝 떨어졌다고. 또 한 분은 새로 시작한 사업 제품의 홍보를 위해 이벤트를 열었다. 후기를 써주는 대가로 제품을 무료로 제공해주는 이벤트였다. 솔직한 후기를 기대했을 뿐 과장되거나 거짓된 글을 원한 것도 아니었다. 자기가 제일 잘 할 수 있다고 패기 넘치는 댓글로 이벤트를 신청한 블로거에게 제품을 보냈더니 그대로 연락이 끊겼다고 한다. 말 그대로 먹튀였다. 다른 분은 이벤트를 열었더니 댓글 창에 세상 모든 불운과 슬픔과 아픔을 짊어진 자들이 모여 경쟁하고 있더란다. 가족이 아프든, 시험에 떨어지든, 취직이 안 되든, 연인과 헤어지든, 꼬여도 단단히 꼬인 인생들이 기쁘게 개최한 이벤트 글의 댓글 창에 다 모여 있었다고. 고작 아주 작은 선물이었을 뿐인데, 남의 슬픔을 평가해서 가장 슬픈 사람을 뽑는 기분이 들어 그 뒤로는 절대 이벤트는 열지 않는단다. 선한 의도가 선하게 마무리되는 일이 이토록 힘든 일인가.

다들 먹고 살기 팍팍해 그런 것인지, 공짜라면 무엇이든 손에 넣고 싶은 마음인지 씁쓸하다.

블로그의 시대가 쇠퇴하니 블로거지란 말도 많이 줄었다. 대신 인스타거지, 유튜브거지, 당근거지란 말이 많이 들린다. 요샌 인스타 DM으로 연예인들에게 대놓고 돈 좀 달라고 말하는 사람들도 많다고 한다. 구걸의 새로운 형태인가. 시대가 얼마나 바뀌든 기술이 어떻게 진화하든 '공짜라면 양갯물도 먹는다.'라는 속담은 영원불변이 아닐까.

하지만 언제나 그렇듯 일부가 그런 것일 뿐 모두가 그런 것은 아닐 테니, 좋은 사람들만 생각하기로 한다. 블로그에서 공짜를 바라기보다 크든 작든 가진 것을 나누려는 따뜻한 마음들을 상기해 본다. 블로그를 통해 알려진 안타까운 사연에 십시일반 온정을 보탰다는 이야기라든가, 이벤트에 당첨된 이웃이 고마운 마음을 담아 답례 선물을 보내왔다는 이야기들. 나누어 준 마음의 소중함을 가벼이 여기지 않는 다정한 이웃들이 소소하고 따뜻한 선물을 전하면서 서로에게 즐거움과 에너지를 나누고 있다는 걸 안다. 받는 사람의 기쁨을 생각하면서 내 마음이 훨씬 즐거웠던 경험이 여러 번이기 때문이다. 이웃의 이벤트를 크게 응원하고 홍보하면서 다른 이웃들에게 기회가 돌아가도록 한발 물러서는 훈훈한 장면도 많이 본다. 욕심내지 않는 것, 받을 때보다 줄 때 더 행복함을 느끼는 것, 이런 마음들엔 가난이 끼어들 틈이 없다. 우리는 나눌수록 부자가 된다.

인플루언서 지원, 신청과 거절의 랠리

안타깝게도 이번에는 함께하지 못하게 되었습니다.

달콤하게 초콜릿을 주고받지도 못했던 서러운 2020년의 밸런타인데이, 씁쓸하게 거절까지 당했다, 네이버로부터. 새로 론칭한 '네이버 인플루언서'에 빨리 지원하라고 네가 손만 내밀면 대답은 언제나 예스일 거라고 눈에 띄는 배너마다 끼 부려 놓고, 용기 내서 프러포즈했더니 표정 싹 바꾸고 '어머, 저한테 왜 이러세요.' 하면서 급 정색하는 꼴이다. 아주 조금의 기대는 있었지만, 단번에 될 거란 예상을 하지는 않았다. 하지만 각오했더라도 거절당하는 일은 늘 마음 아프다.

안녕하세요. 인플루언서 검색팀입니다. 먼저 인플루언서 검색에 관심 갖고 지원해 주셔서 감사드립니다. 지원하신 주제와 운영 중이신 채널을 성실히 검토하였으나 콘텐츠와 주제의 연관성, 채널의 활동성에서 다소 판단이 어려운 부분이 있어 인플루언서 검색에 함께하지 못한 점 양해 부탁드립니다. 위 내용을 참고하시어 재지원해 주시면 다시 한번 검토하여 답변드리겠습니다. 감사합니다. 인플루언서 검색 드림.

지원한 주제는 '여행'이었다. 내가 아니라고 우겨도 내 이웃 모두가 '새벽보배님 여행블로거 맞아요.'라고 했다. 정중한 거절 메일은 '내 채널에 대해 다소 판단이 어려운 부분이 있다.'라고 했지만 어떤 부분에서 판단이 어렵다는 것인지 판단이 어려웠다. 800개가 넘는 여행 콘텐츠와 1일 1 포스팅이 이어지던 중이었다. 현실을 짚어보고 승인 거절 회신을 다시 읽었는데, 참고하라는 '위 내용'의 어디를 참고하라는 건지 막막했다. 혹시나 일일 방문객 수가 영향을 미치나 싶은 생각이 들어 고객센터에 짧게 문의를 남겼다.

2. 2020년 2월 26일

안녕하세요. idea********* 고객님, 문의하신 내용에 답변드립니다. 지원한 창작자의 채널 영향력, 지원한 주제와 관련된 콘텐츠 전문성

등을 종합적으로 검토하고 있습니다. 따라서 이상의 자세한 기준은 안내가 어려운 점 양해를 부탁드립니다. 또한 인플루언서 검색 심사 결과와 방문자 수는 서로 관련이 없습니다. 감사합니다. 네이버 인플루언서 검색 담당자 드림.

답변이 왔다. 나열된 단어는 많지만 '그래서 그걸 어떤 기준으로 검토하는가?'라는 궁금증은 전혀 채워주지 못했다. 답을 쓰는 사람도 답이 안될 거라는 걸 알았는지 '이상의' 자세한 기준은 안내가 어렵다고 추가 질문의 싹을 잘랐다. 뭐라도 알려주고 '이상의'라고 해야 하는 거 아닌가. 어쨌든 인플루언서 선발과 블로그 방문자 수와는 관련이 없다고 했다. 그럼 일단 계속해보는 거다.

3. 2020년 3월 2일, 10일, 16일, 4월 6일, 10일 그리고 22일

신청과 거절의 랠리였다. 신청하고 떨어지는 일이 계속되자 기대감보다는 오기가 동력이 되었다. 가끔 이런 데서 나의 집요를 본다. 그러는 사이 이웃들의 인플루언서 선정 소식이 꾸준히 전해졌다. 선정된 이웃들을 지켜보면 딱히 이렇다고 할만한 선정 기준은 없어 보였다. 그러다 보니 이웃들 사이에서도 추측이 난무했다. 카테고리 순서를 보기 좋게 바꿔야 한다더라, 주제랑 상관없는 글은 아예 숨겨야 한다더라, 낙방했는데 계속 지원하면 블랙리스트에 오른다더라. 가장 믿을만한 설은 선발 담당자 그날 기분에 따라 당락이 결정된다 정도였다. 마지막 거절 메일을 받은 그 날의 내 기분도 유난히 별로였다. 고객센터에 다시 글을 남겼다. 짜증은 숨기고 정중하게, 번호를 매겨가며 꼼꼼하게, 그간의 '카더라'들을 보기 좋게 정렬해 쓰고 보니 길었다. 하지만 '참고하란 설명엔 참고할 내용이 하나도 없는데, 좀 성의 있게 이 상황을 설명해 달라.'고 요약되는 글이었다. 생각보다 빠르게 답이 왔다.

4. 2020년 4월 22일

안녕하세요. idea******** 고객님, 문의하신 내용에 답변드립니다. 인플루언서 검색에 지원해 주셔서 감사드립니다. 지속적인 지원은 심사에 영향을 주지 않으며, 선발 기준 또한 주제와 모집 현황에 따라 조금씩 달라지고 있습니다. 특히나 여행의 경우 지원자가 매우 많아 심사의 기준이 높은 편이며, 단순한 사진과 글만 보는 것이 아니라 검색 사용자에게 도움이 되는 정보성 내용과 콘텐츠를 중심으로 확인하고 있는 점 참고 부탁드립니다. 재지원해 주시면 더욱 꼼꼼히 검토하도록 하겠습니다. 네이버 인플루언서 검색 담당자 드림.

정중한 답이었지만 뜯어보면 '네, 그렇습니다, 복불복입니다.'라고 읽혔다. 저 답변을 읽고 내 블로그에서 뭘 더 고칠 건 없어 보였다. 그냥 다시 신청하기 버튼을 누르는 수밖에.

5. 2020년 4월 28일
인플루언서 검색에 함께하게 되신 것을 진심으로 환영합니다.

그렇게 오랫동안 밀당을 해왔는데, 막상 환영을 한다니까 맥이 빠졌다. 줄다리기에서 양쪽이 팽팽하게 대치하다가 한쪽이 확 놔버리는 바람에 우당탕 넘어진 기분이었다. 나는 블로그에서 무엇도 바꾼 게 없었다. 하필이면 심기가 불편한 날 받은 거절 메일에 대해 화풀이하듯 고객센터로 긴 문의를 했을 뿐이다. 답변을 받고 신청 버튼을 한 번 더 누른 게 다였다. 그동안의 수많은 거절은 뭐란 말인가. 역시 이 세상에선 떡 하나라도 더 쥐고 싶으면 따지고 울고 볼 일인가.

인플루언서의 사전적 정의는 '영향력을 행사하는 사람', '유행을 선도하는 사람'이다. 네이버가 인플루언서라는 서비스를 론칭하고 그런 호칭을 붙여준다고 해서 없던 영향력이 더 생기진 않는다. 뻔히 내가 가진 영향력의 크기를 아는데 "(네이버) 인플루언서예요."라고 말하기도 남사스럽다. 물론 네이버 검색에서는 분야별 인플루언서들의 글을 우선 노출시켜 주는 것 같기는 하다. 네이버 인플루언서 중에서도 최상위에 링크된 소수만이 여러모로 이득이라고 한다. 새로운 버전의 순위 경쟁으로 내몰린 사람들의 경쟁 구도가 점점 살벌해졌다. 돈을 써서라도 유지한다고 서로 헐뜯는 얘기가 보였으니 알만하다. 진짜 인플루언서는 지위를 유지하려고 남과 격하게 경쟁하거나 팬에게 돈을 쓸 필요가 없는데…. 내게 인플루언서라는 타이틀은 맹목적으로 갖고 싶었던 은전 한 닢일 뿐이었다. 손에 쥐고 나서야 허무함에 제정신이 들었다. 정신을 차리고 나의 포근한 블로그 라이프로 돌아왔다. 선정된 인플루언서 페이지에 크게 열 올리지도 않는다. 나라는 인간의 집착과 변덕을 제대로 확인한 사건이었다.

참고로, 나의 분투기를 지켜본 one님은 '뭔진 모르지만 새벽보배님 따라서' 신청을 했다. 그리고 단 한 번에 합격 메일을 받았다고 한다. 역시 인플루언서가 되는 비밀은 '될놈될'이었다.

블태기엔 마음을 살펴주세요

먹은 것, 본 것, 읽은 것, 산 것, 한 것, 그 모든 것을 기록하던 삶이 갑자기 시들해지는 날이 온다. 아무리 맛있는 걸 먹어도, 오랜만에 예쁜 걸 사도, 좋은 곳에서 멋있는 것을 봐도 써야겠다는 욕구는 생기지 않는 시기. 쓰려고 애써도 써지지 않고, 글 하나를 쓰는 데 평소의 두세 배 시간이 걸리고, 그나마 써낸 글도 마음에 들지 않는 시기. 평소 같으면 휴대폰 카메라부터 들이대고 '블로그에 올려야지.'라고 하던 마음이 '이거 써서 뭐 하겠냐.'라고 시큰둥해지는 시기. 사람의 마음이 이렇게 하루아침에 시들해질 수 있다는 게 놀라울 정도다. 블로거들이 난감해지는 이 시기를 우리는 '블로그'에 '권태기'라는 단어를 더해 '블태기'라고 부른다.

검색창에 '블태기'를 검색해 보면 블태기가 왔다는 하소연과 블태기를 반드시 극복하겠다는 다짐, 블태기를 극복하는 방법을 간구하는 글마저 보인다. 오랜 연인 사이에 찾아온 권태기를 고민하듯 사뭇 진지하고 때론 절실하다. 대체 블로그가 뭐라고. 그럼 또 보란 듯이 블태기를 극복하는 비법을 알려준다는 글도 보인다. 이런 글들은 대부분 블로그 운영 강의로 연결되는 광고 글이다. 비법이랍시고 제시하는 방법이 포기하지 말고 더 열심히 블로그를 하라는 것이다. 장난하나. 그렇게 꾸준한 열심이 가능하면 블태기를 극복하는 방법을 검색했겠느냐 말이다. 그럼 또 내 마음을 읽은 듯이 제대로 된 교육 없이 블로그를 했기 때문에 블태기가 온 것이라면서 이 강의를 한번 들어보라고 꼬신다. 지금 저자가 블로그 몇 년 차 앞에서 감히 약을 팔려고 드나 기가 차다. 세상에 권태기를 맞이한 연인들이 교육이 부족해서 마음이 시들해지던가. 사랑이 교육을 못 받아서 변하는 것이던가. 웃기는 소리다. 흥!

　보통 블로그를 열심히 키울 때, 1일 1포를 기본으로 한다. 하루에 포스팅 하나는 해야 한다는 뜻이다. 그래야 블로그의 지수가 유지되고 검색 순위도 올라간다고 한다. 그래서 새로 블로그를 시작해서 의욕으로 가득 차 있거나, 블로그를 통해 사업이든 수익이든 도모하는 바가 있으면 1일 1포는 철칙으로 여겨진다. 하지만 무엇이든 강제된 마음은 쉽게 지친다. 의무가 되는 순간 즐거움은 무거움이 된다. 견뎌야 하는 의무가 커질수록 보상을 바라는 기대감도 쑥쑥 커진다. 내가 이렇게 열심히 블로그에 노력을 썼으니, 당연히 달콤한 것이 따라와야 한다고 기대하게 되는 것이다. 하지만 세상일이 그렇게 계획대로 주고받기가 되는 적이 있던가. 생각보다 느린 성장과 기대에 비해 볼품없는 수익에 현타*가 제대로 온다. 내가 쏟아붓는 시간과 에너지가 과연 의미가 있나 싶어지면서 열심이던 마음이 시들해진다. 많은 경우 진짜 블로그의 맛, 이웃과의 소통의 즐거움이나 자신의 정보를 통해 도움을 받았다는 사람들의 감사에서 오는 뿌듯함을 느껴보지 못한 사람들이 이때 쉽게 나가떨어진다. 사실 이런 단계에선 블로그가 시들해졌다는 사람들에게는 '블태기'란 말조차 아깝다. 연애 100일도 못 채우고 권태기를 운운하는 풋내 나는 커플의 쉰내 나는 변명이랄까. 진짜 블태기는 블로그를 꽤 오래 애정을 가지고 해온 사람들에게 찾아오는 기간이다.

'권태로운 일상', '부부생활의 권태기'라는 말처럼 권태라는 말은 날마다, 혹은 꽤 오래 꾸준히 해오던 행위를 대상으로 한다. 내 일상을, 부부나 연인 사이의 관계를 하루아침에 버릴 수 없기 때문에(물론, 절대로 버릴 수 없는 건 아니지만) 극복하려고 애쓴다. 블태기라는 말도 우리가 블로그를 쉽게 버릴 수 없음을 포함하고 있다. 일시적으로 싫증이 났지만, 함부로 버릴 수도 없고 포기할 수 없기 때문에 블태기이다. 블로그에 쌓아온 시간과 추억을 버릴 수 없기 때문에 극복해야 하는 것으로 여기는 것이다.

블로그로 밥벌이를 하는 것이 아닌 이상, 재미도 없고 오히려 스트레스가 된다면 안 하면 되는데, 왜 블태기라고까지 칭하면서 놓지 못할까. 나는 애정과 미련에서 답을 찾았다. 정말 싫어졌다면 깔끔하게 버렸을 것이다. 단숨에 그땐 그랬지의 추억으로 여기면서 멈춰 버린 것에 대한 후회나 걱정도 없을 것이다. 블태기라는 단어는 생각조차 하지 않을 것이다. 하지만 좋아하니까 걱정도 하고, 소중히 여기기 때문에 한 번에 끊어 버리지 못하는 것이다. 오랫동안 시간과 정성을 쏟으며 쌓아 올린 꾸준한 애정에 대한 미련. 언제나처럼 이번에도 쉽게 포기하지 못하는 미련 때문이다. 미련이 발목 잡아 온 인생이라 해도 어쩔 수 없다. 미련의 결과가 꾸준함이 되어 남는 곳이 블로그이다.

오랫동안 애정을 가지고 블로그에 자신의 매일을 기록하던 사람들에게 블로그란 생활의 일부나 마찬가지다. 이런 우리에게 찾아오는 블태기는 단지 블로그만의 문제가 아닌 경우가 많다. 일상의 전반에 누적된 스트레스를 점검해야 하는 시간이다. 의욕이란 건 건강한 마음 상태에서 일어나는 생산적인 욕구다. 블태기는 평소 꾸준히 유지되던 의욕을 이어 갈 만한 에너지가 바닥났다는 경고다. 나를 좀 더 챙기라고, 내 스트레스 레벨을 점검하라고, 남의 기준 말고 내 기준으로 내 인생을 더 깊게 들여다보라고, 내 인생의 속도를 조절하라고 블로그가 보내주는 신호다. 블태기엔 명약도 비법도 따로 없다. 자연스럽게 내 안에 에너지를 채우고 나를 돌보면 된다. 내 마음을 돌보다 보면 다시 블로그에 무엇인가 끄적이고 싶은 시간이 온다. 그럼 그때 가볍게 마음 가는 대로 쓰면 된다. 지금 나의 마음이 조금 지쳐있어서 블로그를 돌볼 여력이 없다고 기록해도 좋다. 그렇게 또 하나의 포스팅이 완성되고 나의 오늘이 기록된다. 그런 소소한 고백에도 응원이 온다. 나를 기다리고 있는 이웃들로부터. 나도 그랬다고, 편안히 조급해 말고 쉬어도 된다고, 즐거운 하루를 보내라고. 그러다 보면 내 마음도 채워지고 다시 스스로를 응원하는 다짐도 하게 된다. 일상에 의욕이 조금씩 생겨나며 블태기도 어느 순간엔가 희미하게 사라진다. 그렇게 또 한 고개를 넘는다.

---

* 현타 : '현실 자각 타임'을 줄여 이르는 말로, 헛된 꿈이나 망상 따위에 빠져 있다가 자기가 처한 실제 상황을 깨닫게 되는 시간. (출처 : 우리말샘)

블로그, 그것이 알고 싶다

Chapter 2

악한 자들이 부지런하다

블로그 생활의 큰 즐거움 중 하나는 이웃들과 나누는 소통과 공감이다. 댓글 알람이 울리면 누가 어떤 내용을 남겼을까 설레고 궁금하다. 그렇게 댓글에 대댓글을 달면서 생기는 '모르지만 아는 사이'라는 묘한 관계가 삶의 활력이 된다. 그날도 댓글 알람에 설레며 무방비 상태로 창을 열었다. 하지만 글을 읽는 순간 목구멍 끝에 무언가가 무겁게 매달리더니 순식간에 심장까지 뚝 떨어졌다. 빨라진 심장박동이 따라왔다. 이렇게 얼어터진 건 오랜만이다. 그간 맷집을 잃었는가. 분무기로 물을 뿜듯 몸에서 식은땀이 확 분사됐다. 이 사람은 또 뭐지? 생전 듣도 보도 못한 사람이 몇 줄의 글로 나를 정의하고 평가하고 비난하고 갔다. 나에 대해 뭘 안다고. 그것도 내가 정성껏 쓴 내 글 아래 말이다. 나는 그저 혼자 남아 얼어터졌다. 처음 악플에 당했을 때는 놀란 마음을 일기처럼 남겼더니, 신경 쓰지 말라는 따뜻한 위로가 잔뜩 달렸다. 다른 이웃들의 블로그에도 유입이 많은 글에서는 심심찮게 일어나는 일이라고 했다. 블로그가 성장할수록 나에게도 정말 심심찮게 일어나는 일이 되었다. 글을 쓰는 취미생활을 하다 보니 뜻하지 않게 한 번씩 얻어터졌고, 꽤 덤덤해졌다. 오랜만에 알지 못하는 자의 공격 아닌 공격을 받자 오래전 놀란 마음으로 끄적여 두었던 글이 생각났다. 다시 열어보니 유형까지 꽤 착실히 정리해 두었다. 그때 짐짓 괜찮은 척했어도 화가 많이 났던 모양이다. 열어본 김에 다듬어 마무리 지어본다. 내 그대들의 악한 기운을 선하게 풀어내 보련다.

악플의 유형

1. 금수저 타령형

대충 읽었거나(대충이라도 읽었으면 다행), 안 읽은 사람들이다. 함께 올라간 사진만 대충 보고 '얘는 맨날 좋은 곳만 가고 비싼 것만 먹으며 돈만 펑펑 쓰는 애'로 단정한다. 글쓴이가 자신 몫의 행복과 즐거움까지 빼앗아 간 것 같아 화가 치미는 모양이다. 글의 앞뒤, 혹은 중간에 쓰인 힘든 시간의 고백은 안중에도 없다. '금수저'라고 속단을 하고 비난을 한다. 이 대목이 참 이해가 안 간다. 그래, 사실 여부를 떠나 내가 금수저라 치자. 그렇다고 해도 왜 비난을 할까? 넉넉하게 태어난 모든 사람이 비난받을 짓을 한 건 아니지 않은가? 부러운 마음이 욕을 뱉고 나면 사라질까? 하지만 길게 생각하지 않는다. 어차피 그런 논리적 사고가 가능했으면 이런 댓글은 안 남겼겠지.

2. 빈 수레 빨간펜형

오탈자나 서툰 문단의 구성을 댓글로 지적해 주시는 경우는 감사하다. 오탈자는 부끄러워하며 서둘러 고치고, 문단의 구성은 다시 한번 살펴본다. 이런 댓글이 선한 의도로 달리면 그건 악플이 아니라 소통이다. 하지만 제대로 이해를 하고 다는 경우는 드물다는 게 함정. 본인이 내 글을 이해하지 못해놓고 글의 구성이나 단어의 오용을 지적부터 하는 빨간펜 선생님들이 있다. 지적을 위한 지적을, 요청하지 않은 첨삭을 굳이 해가며 본인의 빈 수레를 요란하게 내보이는 유형이다. 이런 댓글은 아무리 헤아려 봐도 내 글의 의도나 구성을 이해하지 못한 게 분명하다. 억울한 마음에 정말 악플러의 지적처럼 잘못 이해가 되는지 지인들에게 확인한 때도 있다. 하지만 대부분 자기 혼자 잘못 이해하고 비난부터 하는 경우다. '나무만 보지 말고 숲을 보라.'는 말이 있지만, 나무도 좀 제대로 봐줬으면 싶다. 하긴 그랬으면 그런 댓글은 안 남겼겠지, 하고 패스.

3. 정권 매도형

내용과 아무 상관 없이 전 현직 대통령 욕과 정당 욕을 써놓는 경우다. 정말인지 전혀 이해가 가지 않는 댓글이다. 내 글이 정치적 성향을 개미 눈물만큼도 띄지 않았는데, 이 악플러들은 어쩌다 내 글까지 와서 이런 글을 남길까. 댓글 내용이 딱히 나에게 욕을 한 건 아닌데, 글의 내용과 상관없이 달린 남에 대한 욕도 결국 지저분한 쓰레기다. 내가 쓴 그나마 가장 정치적이었던 글은 최근에 내가 읽었던 책의 후기이다. 책 후기엔 일부러 정치적 성향을 최대한 지웠는데, 아니나 다를까 예상대로 몇몇이 와서 악플을 남겼다. 그중에서 가장 참신한 단어는 '토착 왜구'였다. 저 사람은 저 단어의 뜻을 알까 생각을 하다가 관뒀다. 모르니까 용감한 거라니까.

4. 좌파 우파 나침반형

정권 매도형과 비슷하게 밑도 끝도 없이 좌와 우, 빨강 파랑을 논하는 자들이 있다. 소양의 부족으로 아직 정치적, 사상적 논쟁을 일으킬 만큼 뛰어난 글을 쓴 적이 없다. 앞으로도 쓸 것 같지 않다. 그런 내 글에 찾아와 이렇게 맥락 없이 쓰레기 댓글을 달고 가는 경우가 생각보다 많다. 이자들은 또 어쩌다 내 글에 닿았을꼬.

초기에 내 분노를 유발했던 자들이다. 하긴, 악플러들은 모두 일방적으로 무례한 자들이다. 무례한 훈수, 비아냥, 욕설. 당신의 그 무례함이 언젠가 당신이 옳은 말을 할 때도 힘을 잃게 할 것이라고 말하고 싶지만 이내 그만둔다. 알았으면 그랬겠는가.

악플엔 사실 '대처'라고 할 것도 없다. 그냥 무시하는 것이 가장 좋은 답이라고 생각한다. 마치 이들은 여고 시절 학교 앞에 롱코트만 입고 와서 갑자기 옷섶을 풀어 헤치는 자들 같다. 반응하고 소리 지르면 더욱 기고만장해지지만, 무시하고 가면 스스로 쭈그러지는 자들. 그러니 그냥 가뿐히 삭제를 누른다. 아, 잊지 않고 '신고하기'도 누른다. 나의 클릭 한 번으로 글쓰기의 세상을 깨끗하게 지킬 수 있다면!

악플러에 대해서 꽤 여러 가지 생각을 했던 적도 있다. 싫으면 안 읽고 안 보면 그만인데 왜 로그인까지 하고 손수 문장을 만드는 수고를 할까. 귀한 에너지를 쏟아내면서 왜 죄다 나쁜 말만 하는 걸까. 그들은 정말 옳다고 믿는 일을 하는 걸까. 남의 글과 기사를 쫓아다니면서까지 욕을 남기는 '집요'와 '열정'은 대체 어디서 나오는 걸까. 어떤 용기가 '법적 처벌이 가능한' 위법 행위를 조심성도 없이 하게 만드는 걸까. 그 정도의 집요함이라면 뭘 해도 참 잘 해낼 것 같은데, 왜 하필이면 악플 달기를 선택했을까. 어떤 좋은 동기를 유발하면 저들도 긍정적인 방향으로 나갈 수 있지 않을까.

초반엔 분노를 가라앉히고 좋은 말로 댓글을 달아봤다. 돌아오는 건 더 아프고 나쁜 말들이었다. 이미 눈 가리고 귀 막고 마음 비뚤어진 사람들이 많았다. 그 후로는 크게 마음 쓰지 않기로 했다. 내 마음과 에너지가 아까웠다. 이미 배울 만큼 배우고 나이 먹을 만큼 먹었는데도 그러고 있다면 글렀다. 재빨리 삭제하고 내 마음의 평화를 찾는 편이 낫다.

얼마 전 한 작가님이 북토크에서 악플러에 대해 이런 말씀을 하셨다. (작가님을 보호하려고 이름을 적지 않는 착한 팬) "악한 자들이 부지런해요." 아 어쩜 이렇게 맞는 말인지. 앞으로 악플이 달리면 "에이, 부지런한 사람들"이라는 말과 함께 지워야겠다. 아, 그래도 '신고하기'는 잊지 말아야지. 글을 쓸 때 이전의 악플이 떠올라 내 글이 머뭇거리지 않도록 마음을 단단히 하는 것은 나의 숙제다.

체험단과 양심 사이

- 1++ 한우 등심구이 브랜드 ***에서 블로거님을 모십니다(15만 원 상당 제공)
- 명품 한우 **에서 소중한 블로거 님의 리뷰를 간절히 바라고 있습니다
- 프리미엄 소고기 전문점 ***에서 블로거님을 초대합니다.

브라보! 소고기의 날이었다, 그것도 최고급 한우. 이틀 사이에 유명 한우 레스토랑 세 곳에서 연락이 왔다. 무료로 대접할 테니 후기를 올려달라는 협찬 요청이었다. 하나같이 부담스러운 가격대라 자주 가기는 어려운 곳들이었다. 최근 부쩍 후기를 올린 이웃들이 많았던 터라 이름들이 낯익었다. 그렇게 비싼 고기를 이렇게 많은 사람에게 무료로 제공해도 가게 유지가 될지 걱정이

될 정도였는데, 나한테까지 차례가 왔다. 어디 소고기뿐일까. 먹여주고, 재워주고, 입혀주고, 놀아주고, 공부까지 시켜주겠다는 제안이 쏟아진다. 남성용, 여성용, 성인용, 유아용 할 것 없이 필요한 물건들은 마음만 먹으면 글을 써서 구할 수 있을 것 같다. 노는 건 더 세계적이다. 서울, 대전, 대구, 부산, 제주는 물론 코로나 이전엔 필리핀, 태국, 괌에서도 제안이 들어왔다.

블로그를 시작한 후 좋은 제품, 멋진 숙소, 훌륭한 음식 사진으로 가득한 포스팅들의 마지막 줄에서 '업체에게 무상으로 제품만을 제공받은 솔직한 후기입니다.'라는 문구가 자꾸 눈에 들어왔다.* 블로그가 온통 광고 홍수라고 혀를 찼지만, 내심 부러웠다. '-만을'이라는 애매한 조사가 '원고료까지는' 받지 않았다는 명시임을 알고 나자 눈이 번쩍 뜨였다. 무료 제품에 원고료까지 얹어 받는 것은 유명 블로거들에겐 흔한 일이라고 했다. 협찬의 영역에 급 관심이 생겼다.

이름 있는 대기업에서 운영하는 서포터즈는 감히 피라미 블로거들이 쳐다볼 수 있는 영역이 아니었다. 초보자들의 광고 포스팅 입문은 블로거들을 모집하는 체험단 사이트가 적당했다. 위블(현재 레뷰), 서울오빠, 티블, 디너의 여왕, 모두의 블로그, 미즈 블로그 같은 곳들이 유명했다. 원하는 물건이나 장소에 신청하면

업체마다 나름의 기준으로 필요한 수만큼 블로거들을 선발했다. 구구절절한 사연으로 뽑히는 경우는 극히 드물었고, 결국 일 방문자 순이었다. (이러니 일 방문자 수 그게 뭐라고 목을 매게 되는 것이다.) 선발된 블로거들에게는 글에 포함시켜야 할 키워드와 지령이 내려왔다. 사진 몇 장, 글자 수 몇 자 이상을 적당히 채우면 꽤 괜찮은 식당에서 밥 한 끼가 거저 나오는 재미가 쏠쏠했다. 한두 번 하다 보니 요령도 생겨서 포스팅 자체는 큰 부담이 아니었다. 양심과 마주 서야 하는 일이 생기기 전까지는.

새로 문을 연 돈가스 가게 체험단 모집공고는 사진부터 근사해 보였다. 포스팅 대가로 제시된 음식의 가격도 다른 곳보다 조금 높았고, 이미 다녀간 블로거들이 남긴 후기도 칭찬 일색이라 고민 없이 신청했다. 식사를 하러 간 날, 미묘하게 불친절한 응대에 살짝 마음이 상했다. 내가 공짜 밥을 먹으러 왔다고 생각해서 불친절한 것인지 원래 이런 집인지 알 수가 없었다. 분명 글을 쓰는 대가로 받는 음식이니 공짜는 아닌데, 돈을 내지 않는 손님이라는 생각에 스스로 작아졌다. 불쾌하고 찜찜해도 평소보다 관대해졌다. 광고해 주겠다고 와서 부정적인 의견을 쓸 수는 없으니, 친절함에 대해서는 아예 언급하지 않기로 마음먹었다. 진실을 말하지 않았을 뿐 거짓말을 한 것은 아니니까. 음식이 나오자 사진이 잘 나오겠다 싶은 생각부터 들었다. 인터넷에서 찾아

본 대로 예쁜 담음새였다. 그러나 음식을 한입 맛보는 순간 식욕이 싹 달아났다. 아무리 SNS의 시대를 살고 있다고 해도 이건 너무했다. 이쯤 되면 눈으로만 먹으라는 것이나 다름없었다. 기름이 다 빠지지 않은 돈가스 위에 소스를 부었는지 한입 베어 물자마자 육즙 대신 기름이 터져 나왔다. 씹을수록 입안에 텁텁하게 기름이 끼는 기분이었다. 달고 짜고 느끼한 돈가스에 고기 누린내도 섞여 있었다.

업체에서 받은 제시어대로라면 이 동네 최고의 맛집이고, 멀리서도 찾아와야 하는 곳이며, 까다로운 미식가들의 입맛도 한 번에 사로잡을 곳이라고 써야 했다. 하지만 한입 먹자마자 지금까지 애써 고개 숙이고 있던 양심이 이건 아니라고 대를 세웠다. 다시 찾아보니 상위에 검색되는 현란한 후기들은 하나같이 포스팅의 마지막에 체험단을 고백하는 문구가 한 줄씩 들어있었다. 이제 나도 그들의 대열에 합류해야 할 참이었다. 목록을 계속 내렸더니 그제야 강력한 분노를 내뿜는 제목이 보였다. 체험단들의 거짓 찬양에 속아 자기 돈으로 밥을 먹은 사람이 진실을 외치는 후기였다. 그 포스팅에는 내가 느낀 모든 감정과 평가가 고스란히 담겨 있었다. 그는 피해자였다. 지시받은 대로 글을 쓴다면 나도 가해자가 되는 것이었다. 겨우 이따위 음식에, 이 정도의 밥값을 아끼려고 나를 속이고 누군가에게 피해를 주는 게 맞을까. 내게 양심이란 게 있다면, 그냥 밥값을 내고 못쓰겠다고 하는 게 옳은 일 아닐까. 식사하는 내내 내적 갈등이 계속됐다. 가뜩이나 맛도 없는 음식을 먹은 건지 만 건지 속만 더부룩했다.

그날의 나는 결국 가해자가 되었다. 밥값이 아까웠다기보다 무단 펑크를 내면 향후 체험단 선발에 불이익을 받게 된다는 조항 때문이었다. 양심을 저버린 글 아래에 음식을 무료로 받았다는 것을 명시할 때 내 글이 값싸 보이는 기분이 들었다. 그 기분은 오래 남아 마음을 괴롭혔다. 블로그의 주권을 어딘가 내준 느낌마저 들었다. 의무 게시 기간이 지나자마자 서둘러 글을 내렸다. 그날 이후 체험단을 신청하는 횟수가 확연히 줄어들었다. 또다시 거짓말쟁이 가해자가 될까 봐 신청 직전까지 머뭇거리다가 관두기를 반복했다. 확실한 대가를 받고 확실한 의견을 낼 수 있는 블로거가 되자고 자본주의 양심과 약속했다.

이제는 큰 회사의 브랜드, 유명 모델을 쓰는 제품, 고급 음식점들만 골라서 신청한다. 그런 체험단은 선발 가능성이 매우 낮지만, 거짓 진술을 해야 하는 최악의 조건을 맞닥뜨릴 가능성도 작다. 취할 건 취하더라도 거짓말쟁이는 되지 말아야지. 일 방문자 수가 어느 정도 성장한 덕분에 가능한 다짐이기도 하다. 신기한건 오히려 그 이후에 더 좋은 곳에서 협업 제안이 더 많이 들어온다는 점이다. 좋은 제품의 후기를 쓰는 자에게 좋은 협찬이 들어오는 건 당연한 일이었다. 한 번쯤 아프게 양심을 저버리고 나서야 바로잡았던 결심 덕분인가 싶기도 하다. 한 번의 호된 경험이, 소중한 양심의 든든한 보디가드가 되었다.

---

* 표시·광고의 공정화에 관한 법률 (약칭: 표시광고법)은 공정거래위원회가 소비자를 속이거나 소비자로 하여금 잘못 알게 하는 부당한 표시·광고를 방지하고 소비자에게 바르고 유용한 정보의 제공을 촉진함으로써 공정한 거래질서를 확립하고 소비자를 보호함을 목적으로 1999년 7월부터 시행했다. 여러 번의 개정을 통해 상업적 블로그 포스팅에는 2011년 7월에 처음 적용됐다. 또한 「추천·보증 등에 관한 표시·광고 심사지침」을 2020년 9월 1일부터 개정, 시행하여 부당한 표시·광고에 관한 구체적 심사 기준을 제시하였다.

블로거의 검색법

오랜만에 친구를 만나기로 한 날, 맨날 만나는 뻔한 곳 대신 힙하고 핫한 곳에 가보자고 했다. 괜찮은 장소를 찾으려면 블로거도 검색을 한다. 포털 사이트에서 'ㅇㅇ동 맛집'으로 검색을 했더니 아무리 밑으로 내려도 끝이 나오지 않을 만큼 많았다. 제목들도 대단했다.

'빠져든', '시선 집중된', '확실한', '먹는 재미있는', '흐뭇했던', '모자람 없는', '대박이었던', '감동했던', '흠뻑 빠진', '본토에 가까운', '흥 돋던', '정착', '당찼던', '중독성 있는', '감탄했던', '유별나던', '행복했던', '군침 팡 터진', '일품이었던', '예찬했던', '입 몰라간', '가성비 좋은', '나이스한', '베스트였던', '나만 알고 싶은', '퀄리티 높은', '기똥차던', '매력 만점', '다채로웠던', '자꾸 생각나던', '기가 막히는', '미식의 파라다이스', '

독보적인' ○○동 맛집.

　피식 웃음이 나왔다. 맛집이라는 단어 앞에 이렇게 많은 수식어를 겹치지 않게 뽑아내는 것도 능력인데, 블로거들이 대동단결하여 그 어려운 걸 해내고 있었다. 적당히 하나 골라 읽어봤다. 사진도 많고 동영상도 들어있고 설명도 구구절절 많이 들어있다. 예전 같으면 혹해서 약속 장소를 정했겠지만, 10년 차 블로거는 쉽게 현혹되지 않는다. 빠른 속도로 글의 제일 아래로 내려갔다. 역시나 업체로부터 소정의 원고료를 받은 글이었다. 추가로 몇 개를 더 골라봐야 똑같았다. 정보는 과잉인데 내가 믿을 만한 정보가 없었다. 결국 메뉴판 닷컴이라는 별명이 붙은 지인에게 연락해서 상황을 설명하고 괜찮은 레스토랑을 추천받았다. 믿을만한 사람이 직접 다녀와서 추천해 주는 집이 주는 안정감, 원래 블로그도 이런 정보를 공유하려고 시작되었을 텐데, 어디서부터 변하게 되었을까.

　장르를 불문하고 요즘엔 제일 먼저 검색되는 글들은 대부분 광고. 글을 읽는 내내 현혹되던 마음이 광고 문구를 마주치면 어쩐지 살짝 배신감이 느껴진다. 블로그의 광고 생리를 꽤 잘 아는 블로거가 되고보니 뭐 하나 찾는 일이 더 어려워졌다. 아는 게 병이다. 검색할 때 딱 봐도 광고일 것 같은 반짝거리는 글 대신 어딘가 좀 비어 보이는 허술한 글을 찾아 클릭하기도 한다. 예전에 맛집을 검색할 때 장소 이름에 '오빠랑'을 붙이면 된다는 우스갯소리가 있었다. 하지만 요즘 핵심 키워드는 '내돈내산' 아닐까. 내 돈 내고 내가 샀다, 그러니 이건 광고가 아니니 믿어보라는 제목. 오빠랑에는 낭만이라도 있었지, 내돈내산은 어쩐지 삭막하다.

블로거의 노하우를 역이용해서 노련하게 검색에 성공한 건 엄마와 오붓하게 떠났던 런던 여행의 숙소 찾기에서였다. 숨만 쉬어도 돈이 든다는 우스갯소리가 나올 만큼 물가가 무서운 런던에서는 호텔보다 한인 민박이 저렴했다. 한식으로 아침 저녁밥을 챙겨준다는 것도 큰 장점이었다. 하지만 런던엔 한인 민박이 무척 많았고, 동시에 여행자 카페에서는 한인 민박들에 대한 악평이 쏟아졌다. 런던에서 한인 민박이라는 것 자체가 기본적으로 불법인데다가, 다른 유럽 국가의 한인 민박에 비해 시설이나 음식이 형편없다는 것이었다. 우후죽순처럼 생긴 한인 민박들이 바이럴 마케팅을 심하게 하는 바람에 사진과 후기에 속는 경우가 다반사였다.

'런던 한인 민박'을 검색해서 나오는 이름들을 종이에 쭉 적어 내려갔다. 유난히 자주 등장하는 업체의 글은 몇 개만 확인해도 똑같은 사진들이 들어있었다. 아무리 같은 숙소라도 서로 다른 사람이 똑같은 사진을 찍을 수는 없다. 글과 사진을 받아 올려 주는 타입의 광고였다. 일단 체크를 해 두었다. 광고하는 업체의 노력은 가상하나 이런 광고 앞에서는 신뢰가 떨어지기 마련이다. 그리고 두 번째 핵심 키워드를 넣었다. 효과적이지만 살벌한 키워드는 바로 '비추'. 추천하지 않겠다는 대범한 제목은 보통 장소든 물건이든 호되게 당하고 제대로 열받은 사람들이 쓰는 경우가 많다. 어디가 어떻게 안 좋다는 생생한 증언들이 쏟아졌다. 이 업체가 결국 망해서 이렇게 이름을 바꿨으니 조심하라는 친절한 경고도 있었다. 그렇게 나온 업체들을 하나하나 걷어냈다. 괜찮아 보이는 한인 민박이 몇 개 추려졌다. 마지막 확인 작업은 바로 '비댓(비밀 댓글)'이었다. 공개된 글에는 쓰지 못했을 솔직한 마음을 물어볼 땐 비댓만큼 좋은 게 없다. 엄마와 함께 가는데 정말 추천하시느냐고, 곤란하실까 봐 비댓으로 여쭙는다고 공손히 남기면, 대부분 친절하고 구체적인 답변을 달아주었다.

비단 광고 때문이 아니라 한국인의 네이버 의존도 때문에 검색 결과를 믿지 못할 때도 있다. 바로 해외 여행지 맛집을 찾을 때이다. 한국인이 사랑하는 검색포털 네이버에서 '나라 이름 + 맛집', '도시 이름 + 맛집'으로 검색을 하면 유난히 편파적인 맛집들이 자주 등장한다. 대충의 알고리즘은 이렇다. 먼저 여행을 다녀온 블로거가 딱 저런 조합의 제목으로 포스팅을 한다. 맛이 너무 없지 않다면 평범한 한 끼도 제목에는 '맛집'이 들어간다. 무려 해외로 여행까지 왔으니 입맛은 대부분 관대해지고, 서술은 몇 배나 더 감탄스러워진다. 다음 여행자가 똑같이 검색하고 그 집을 찾아간 다음 같은 방식으로 후기를 남긴다. 이렇게 차곡차곡 누적된 후기 덕분에 그 가게는 한국인들의 맛집 성지가 된다.

인스타그램이나 유튜브 같은 다양한 SNS가 확산된 최근에는 해외 맛집의 다양성도 많이 늘어난 것도 같지만, 해외 여행지가 주는 관대함은 어떤 SNS라도 비슷한 모양이다. 결국 추천하는 맛집이 비슷해지고, 다녀와서 (내가 다녀왔으니) 맛집이라고 쓰는 일이 반복되고 있다. 실제로 가보면 현지어, 영어에 이어 한국어 메뉴가 등장하고 식사 중인 한국인들도 쉽게 볼 수 있다. 특히 남들이 잘 안 가는 도시일수록 더 그렇다. 그래서 해외 여행지에서 식당을 찾을 땐 네이버 의존도를 크게 낮춘다. 트립어드바이저나 구글 평점을 많이 참고한다. 아니면 여행 중에 인사를 나누게 되는 기념품 가게 주인이라던가 택시 운전기사 같은 현지인들에게 직접 물어본다. 급하게 한국어 검색을 해야 한다면 네이버에 '현지인 추천'이라는 키워드를 넣어서 검색한다. 운이 좋게 현지에 거주하는 한국 사람들이 남긴, 좀 더 믿음 가는 식당을 찾을 때도 있다.

소중한 시간을 망치고 싶지 않아서 시간을 들여 검색한다. 힘들게 번 돈으로 좀 더 적합한 물건을 사고 싶어서 정보를 모아 비교해 본다. 그런 기록들이 촘촘하게 모여 있는 곳이 블로그였다. 자기 경험을 공유하고 남의 경험을 참고하면서 우리가 나누고 싶었던 것은 솔직함이 아니었던가. 시대가 바뀌고 직업의 영역도 확장되었으니 무턱대고 광고 포스팅을 욕할 수는 없다. 누군가에게는 새로운 직업에 대한 기회이기도 하고, 운영하는 사업에 큰 도움이 되는 것도 사실이다. 하지만 누군가의 수입에 누군가는 시간과 돈을 낭비하고 있는지도 모른다고 생각하면 손가락이 무겁다. 블로거라 블로그를 믿지 못하는 모순. 블로거라서 알게 된 검색 노하우를 나누면서도 뒷맛은 어째 좀 씁쓸하다.

동충하초 대신 블로그

"동충하초 판매 모임 후 5개 시, 도에서 코로나19 확진자가 속출했습니다."

뉴스에서 동충하초 사업설명회에 참여한 사람 중에서 코로나19 확진자가 많이 나왔다는 보도가 나오고 있었다.

"아니, 대체 얼마나 오래 살고 싶어서 동충하초를 먹겠다고 이 시국에 저런 델 가. 저길 안가야 건강하게 오래 살겠구먼."

뉴스를 보던 내가 고개를 절레절레 흔들었다. 저런 사업설명회에서 돈 될만한 사업이 퍽 나오겠다 싶은 생각이 들었다. 생각 없는 사람들이라고 질색하는 내게 옆에 있던 엄마가 툭 던진 말,

"야, 니가 몰라서 그래."

아니, 저 기사를 보면서 내가 모를 게 뭐가 있는가. 우리 엄마가 지금 저 사업을 옹호라도 하려는 참인지 기가 막혔다.

"모르긴 뭘 몰라. 딱 봐도 돌팔이 약장수 약 파는 거랑 별다른

거 없겠구먼."

"아니, 저기 오는 사람들 말이야. 사업하고 싶어서 오는 거 아니고, 저거 사업설명회 아니라고."

엄마가 풀어놓는 이야기는 더 기가 막혔다. 엄마가 저런 곳엘 가봤다는 것이다. 놀라서 화낼 타이밍도 못 잡는 내게 엄마가 해준 이야기는 이랬다. 2020년 2월 말, 아직 코로나가 무서운 기세로 확산하기 전이었다. 동네에서 알고 지내던 아줌마가 어딜 좀 같이 가자고 했다. "내가 언제 자기 손해 보게 하드나?" 하면서 팔을 잡아끄는데, 거절할 타이밍을 놓쳐서 따라가게 되었다. 딱 뉴스에 나온 것처럼 생긴 곳이었다. 지하 1층, 창문도 없는 퀴퀴한 강당에 책상과 의자가 빼곡히 놓여있었다. 몇몇 젊은 남자 진행원이 앞에서 마이크를 들고 한창 설명하고 있었다. 그리고 사업을 할 수 있을 것 같지 않은 할머니들이 빼곡히 자리를 채우고 계셨다.

친구(?) 한 명을 데리고 가면 데려간 사람과 새로 간 사람 모두에게 큰 설탕을 한 포씩 주었다. 브랜드도 없는 커다란 흑설탕이었다. 앉아서 설명을 좀 들으면 생필품을 저가에 살 수 있게 해준다고 했다. 집에서 많이들 쓰는 주방 세제가 천 원, 두루마리 휴지 세트도 천 원 그런 식이었다. 또 설명을 좀 더 들으면 소고기도 거의 반값에 살 수 있는 쿠폰을 줬다. 그런 쿠폰은 선착순이나 퀴즈 같은 경쟁을 붙였고, 받으려는 사람들이 많았다. 나름 긴장감이 돌기도 하고 재미도 있었다. 진행하는 사람들이 만담도 해주고 노래도 불러주면서 흥을 돋우는 곳이었다. 떡도 주고 음료수도 주고 과자도 주고…. 이런 잔칫집이 따로 없었다. 집에 있어 봐야 지루하게 시간은 가지 않는 할머니들이 심심하지 않게 모여드는 곳. 게다가 어차피 집에서 쓰는 물건들을 아주 저렴한 가격에 살 수 있으니 할머니들 입장에서는 손해날 것 없는 놀이방이었다. 그렇게 생필품들을 싸게 주며 퀴즈 놀이를 하다가 동충하초 같 은 건강식품을 팔았다. 브랜드도 알 수 없고 효능도 알 수 없지만, 꽤 비싼 가격이었다. 놀랍게도 그걸 사는 분들이 꾸준히 있다고 했다. 매일 그냥 가서 놀기 미안하니 팔아줘야겠다 싶고, 남들도 하나씩은 팔아주는데 나만 안 사기엔 눈치도 보이기 때문이었다.

건강하게 오래 살고 싶은 게 아니라 외로움 때문이었다. 말할 사람도 놀아주는 사람도 없이 느리게 흐르는 시간. 그렇게라도 모여서 놀 수 있는 것이 좋아서 찾아가는 곳이었다. 자식들이 보 내준 용돈으로 바가지 쓰는 걸 알면서도 쓰고 노는 그런 곳이었 다. 시골 할머니들의 쌈짓돈은 외로움을 달래는 데 쓰이고 있었 다. 동네에 저런 곳이 세 군데나 있다고 했다. 엄마를 데려간 아 줌마가 다음번에 또 오면 설탕보다 좋은 선물을 준다고 했지만,

엄마는 가지 않았다. 어딜 가는 건지 알았더라면 한 번도 가지 않았을 곳이었다. 엄마는 어쩐지 약을 파는 사람도 사는 사람도 불쌍하다 했다. 젊은 나이에 노인들 앞에서 말장난과 재롱을 피우며 약을 파는 사람도, 바가지를 쓰는 줄 알면서 사는 사람들도. 모두 다 외로워 보여 불쌍하다고 했다. 내 마음도 무너지는 기분이었다.

인간의 수명은 길어지고 있지만, 사회에서 일하며 쓰임 받는 시간은 거의 늘지 않았다. 나머지 시간은 자주 고장 나는 몸을 데리고 외로움을 견뎌야 하는 시간인 것만 같았다. 모이지 말라는 집회에 기를 쓰고 나오는 진짜 이유는 외로워서였는지도 모른다. 엄마 아빠랑 여행을 많이 다니니까 나는 참 좋은 딸이라고 생각해 왔다. 하지만 일 년 365일 중에 여행을 떠난 날이 30일이나 될까. 나머지 330일은 일상이었다. 직장에 다니지 않는 엄마에게는 지루하고 느리게 흐를지도 모를 날이었다. 특히나 전염병의 공격을 받는 요즘, 우리가 또 언제 그렇게 여행을 떠날 수 있을지 모르겠다. 설렘도 기대도 빼앗겨 버리고 두려운 날들만 계속되는 요즘, 우리보다 더 외롭고 힘든 사람들은 나이가 많으신 분들일지도 모르겠다.

이런 어른들을 블로그의 세계로 초대하고 싶다. 노인복지센터나 문화센터에서 스마트폰 사용법을 가르쳐 주는 강좌가 있다고 들었다. 요즘 할머니들은 유튜브도 보시고 카톡도 쓰시니까 블로그라고 크게 어렵지 않을 것 같다. 넋 놓고 앉아 일방적으로 보게 되는 유튜브보다 블로그 쪽이 소통의 재미가 훨씬 크다. 자기 속도대로 읽고 쓸 수 있으니 어르신들의 사용에도 버겁지 않다. 내 댓글에 달아주는 답글을 읽으면서 외로움을 덜기에도 좋다. 마을회관이나 주민센터에 어르신들의 스마트폰 사용을 도와주는 직원도 한 분씩 있으면 어떨까 생각해 본다. 휴대폰으로 블로그를 하다가 궁금한 것이 생기거나 오류가 날 때 찾아가서 설명 들을 수 있도록 말이다. 주민센터까지 찾아오시는 동안 기분전환 외출도 되고 걷기 운동도 되니 일석삼조는 되겠다. 외로운 마음 대신 즐거움을 찾으면 삶에 활기가 돌기 마련이고, 그렇다면 어르신들의 건강에도 더 도움 되는 일 아닐까. 눈이 침침한 어른들을 위해 큰 글자 화면의 어른용 블로그 앱도 나오면 좋겠다. 기술은 발전하고 있고 똑똑한 개발자들이 많으니 어르신들이 쓰기 편한 시스템도 만들 수 있을 것이다. 빠르게 나이 들고 있는 대한민국, 블로그 세계의 확장이 외로움이나 단절에서 우리를 조금은 구원할 수 있을 것만 같아 기대하게 된다.

블로그계의 그알

또 너무 팠다. 진짜 이렇게까지 하려던 계획은 전혀 없었다. 하지만 포스팅 하나를 다 썼을 땐 이미 여기저기 열심히 파낸 결과물들이 일목요연하게 정리되어 있었다. 예전에 책 한 권을 읽고 너무 집요하게 파는 바람에 글쓴이, 유튜버, 출판사 대표까지 등장해서 고소를 운운하며 홍역을 치렀던 일을 잊고 내가 또 그랬다. 이쯤 되면 천성인가. 이번 대상은 내가 후원하고 있는 자선 단체였다. 10년 동안 아무 생각 없이 꾸준히 후원해 오던 단체를 이렇게 집중해서 들여다보게 한 건 역시나 블로그였다. 이웃 새 글 알람에 내가 후원하는 단체의 이름을 포함한 제목이 눈에 들어왔다. 내가 후원하는 곳에 내 이웃도 후원하는구나. 괜스레 나 혼자 반가운 마음과 친밀감이 쑥 증가했다. 정성스러운 포스팅에 감탄하며 나도 조만간 후원 격려 포스팅을 하나 해야겠다고 생각하며 읽어 내려가는데, 글 끝에 달린 '원고료 지원' 문구를 보고 만 것이다. 이런, 광고였단 말인가. 이 이웃이 진짜 후원을 하고 있는지도 정확하지 않았다. 정확히 짚어내기 힘든 찜찜한 마음에 나도 모르게 미간이 살짝 찌푸려졌다. 우연히 이 글을 읽기 며칠 전 지인들과 대화하다가 후원을 권했었는데 "야, 그거 이것저것 비용 다 쓰고 나면 애들한텐 쥐뿔 얼마 가지도 않는대."라는 타박을 들었던 참이었다. 타이밍하고는….

　며칠이 지났는데도 계속 마음 한켠에 껄끄러움이 남아있었다. 이럴 때면 어쩔 수 없이 써야 하는 거다. 사실과 감정을 모두 쏟아내서 글로 정리하다 보면, 마음의 불편함이 어디서 왔는지 더 잘 들여다볼 수 있다. 평소처럼 블로그 글쓰기 창을 열었다. 우선 후원업체의 광고 글을 올린 다른 블로거들이 얼마나 되는지 찾아보는 것으로 시작했다. 생각보다 많아서 좀 놀랐다. 그다음 단계로는 해당 단체의 홈페이지를 꼼꼼히 살폈다. 투명경영을 강조하는 단체여서 믿고 기부해 온 지 10년이 넘었지만, 한 번도 의심해 본 적은 없었다. 집행 내용을 살펴보는 것도 처음이었다. 재무 보고서와 감사보고서를 열어보고 기부금 모금액과 활용실적까지 찾아냈다. 그렇게 검색과 확인의 파도를 타던 중에 후원업체에서 하는 '꿀 단기 알바'라는 광고가 나타났다. 내가 낸 후원금 일부가 누군가에게 '꿀 알바'가 되어주길 바란 적은 한 번도 없었는데. 이렇게 찾아낸 사실과 내 마음의 찜찜한 부분을 정리해서 포스팅을 발행했다. 개인적으로 찜찜하던 마음이 정돈되길 바라며 썼던 글일 뿐인데, 놀랍게도 많은 분의 공감과 댓글을 받았다. 소액이라도 꾸준히 마음을 나누는 기부자들이 많았는데, 내 글과 본인의 고민이 비슷하다는 댓글이 많았다. 혹시라도 기부를 중단하면 후원하던 아동에게 직접적인 피해가 갈까 봐 걱정되어 찜찜함이 있어도 끊지 못한다는 분들도 여럿이었다.

2주 정도 지났을까, 해당 단체에서 장문의 메일이 왔다. 내 블로그 글을 본 모양이었다. 나의 관심과 염려에 대한 감사와 후원자의 마음을 미처 생각하지 못한 것에 대한 사과가 정중하게 담겨있었다. 세심하게 노력하겠다는 다짐과 약간의 추가 설명도 있었다. 후원 독려를 위한 광고가 필요한 것은 나도 충분히 생각한 점이었다. 그래서 내가 아쉽게 생각했던 부분과 개선되면 좋을 것 같은 방향을 정리해서 회신했다. 생각보다 훈훈한 마무리였다.

이런 날 두고 이웃들은 '블로그 계의 그알(그것이 알고 싶다)'이라고 하신다. '그만 파세요. 또 문제 생길라.' 하고 걱정해 주시기도 한다. 사회의 정의를 구현하고, 타락한 세상에 빛과 소금 같은 존재가 되기 위해 진실을 파헤치고 싶은 마음 같은 건 전혀 없다. 「그것이 알고 싶다」처럼 누군가의 억울함이나 부조리함을 널리 알려 가려운 부분을 긁어주려는 의지도 없다. 목적을 가지고 그런 역할을 해 나가기에 내 인생 하나 챙겨 나갈 에너지도 부족하다. 남의 호기심을 자극하기엔 내 인생의 앞날이 더 궁금하다. 다만 포스팅을 할 때는 다양한 이유로 더 자세한 정보를 찾게 된다. 개인적으로 찜찜하거나 답답한 생각을 정리하기 위해서 쓰는 글은 조금이라도 더 정확한 사실을 기반으로 결론을 내고 싶어서 집요해진다.

독후감이나 식당 방문 같은 후기를 쓸 때는 따라올 질문을 생각하며 이것저것 검색해 보게 된다. 예를 들면 작가의 성장 배경이라든가, 글의 시대 배경, 신기한 메뉴의 유래 같은 것들 말이다. 따라올 질문을 생각해 보는 건 밥벌이가 남긴 습관이다. 회사에서는 보고할 때마다 폭격처럼 수많은 질문이 쏟아졌다. 하나라도 대답하지 못하면 "더 집요해지라."며 닦달당했다. 살아남기 위한 방패를 준비하는 마음으로 예상 질문을 떠올리며 대비하던 습관이 블로그 포스팅에서도 불쑥불쑥 튀어나온다. 신기하게도 뭘 좀 찾으려고 마음먹으면 생각보다 쉽게 줄줄이 엮여서 나오는 경우가 대부분이다. 오히려 정보가 너무 많아서 진위를 헤아리는 데 시간이 더 필요할 정도. "대체 이런 건 어디서 찾았어요?" 하는 것들은 사실 누구든 찾을 수 있는데, 찾을 생각이 없었을 뿐일 것이다.

답답하던 마음이 나만 그런 게 아니라서 확인해서 안심했다든가, 모르던 사실인데 새롭게 알게 돼서 고맙다는 댓글을 보면 뿌듯하다. 나처럼 좀 더 다양한 시선으로 봐야겠다고 생각했다는 댓글을 읽었을 땐 글쓰기에 무거운 책임감이 느껴졌다. 개인적으로 불편하게 다가왔던 사소한 문제들도 충분한 근거와 함께 정돈해서 올리면 생각보다 큰 변화를 가져올 수 있다는 걸 배운다. 모두가 관심 두지 않는 영역에서 안심하고 자라던 곰팡이를 찾아낸 기분일 때도 많다. 개인들의 관심이 쏠리면 결국 제 발 저린 누군가는 긴장하고 조심할 것이다. 안타깝게도 아무 의심 없이 믿어주기엔 가짜가 너무 많은 세상이다. '그럴지도 모른다.' '그렇다더라.' 정도의 애매한 정보들이 무심함과 함께 무서운 속도로 퍼져나가서 사회를 멍들게 한다. 진위를 짚어보고 연관된 사실을 확인해보는 사소한 행위가 결국은 내가 속한 사회를 단단하게 해준다. 조금만 관심을 기울이면 블로그라는 SNS를 가진 우리는 모두 각자의 '그것이 알고 싶다'를 운영할 수 있다. 사회에 선한 영향력을 가져올 가능성은 블로그의 세계에도 다분하다.

제가 알아서 쓸게요

나만 그랬을 리 없다. 개학이 다가오면 밀린 일기를 쓰느라 허둥대던 어린 시절의 경험 말이다. 지나간 날씨는 적어둔 자만 기억할 수 있던 시절이라 성실하게 일기를 쓴 언니한테 날씨 정보를 캐느라 굽실거렸다. 어차피 아무 날씨나 적당히 섞어 놔도 선생님 역시 그날의 날씨를 다 기억하진 못했을 텐데, 어린이답게 순진했다. 날씨와 상관없이 내가 일기를 몰아 썼다는 것쯤은 훤히 들여다보였을 것이다. 지금 생각해 보니 아이들에게 일기를 쓰기를 통해 얻고자 했던 교육목표는 꾸준함이겠지만, 일찌감치 배운 건 돌려막기나 거짓 보고서 작성의 잔기술 같기도 해서 쓴웃음이 난다. 좀 더 넉넉히 보태면 몰아 쓸 때 발휘되는 순발력과 창의력까지랄까.

일기장을 채우기 위해 할 말 없음 중에 할 말을 찾아내느라 머리를 쥐어짜던 초등학교 시절을 지나자 일기 쓰기 숙제는 사라졌다. 시킬 때는 그렇게 하기 싫어 징징거리더니 여중, 여고생 시절의 나는 일기 쓰기, 우정 노트, 러브장 같은 기록을 꽤 열심히 했다. 그 시절 우정이란 인생의 모든 걸 걸어야 할 만한 것이기도 했고, 사실 공부만 아니면 세상 모든 게 재미있었을 시기였다. 다꾸(다이어리 꾸미기)에 빠져 해마다 일기장을 고르고, 스티커와 마스킹 테이프를 붙여댔다. 일기장을 펴 두고 뭐라도 더 쓰고 싶어서 쓸 것을 찾아 헤맸다. 그날의 일을 기록하기 위해서라기보다 일기장을 더 채우고 꾸미기 위한 기록도 많았다. 하지만 그것도 한때였다. 대학에 들어가고 난 후, 해마다 일기장을 사긴 하는데, 연말이 되면 이 일기장을 내년에 다시 써도 되겠다 싶을 정도였다. 연초에는 일기, 조금 지나면 주기, 그 뒤로는 월기나 분기 정도의 느낌으로 찔끔찔끔 적혀 있었다.

일기와는 완전히 멀어져 버린 어른이 된 줄 알았는데, 블로그를 시작하고 나서는 다시 기록하는 인간이 되었다. 블로그 성장의 기본은 1일 1포라는 업계의 비법에 따라 거르지 않고 기록하는 날들이 이어졌다. 심지어 바쁜 일이 터질 때를 대비해서 미리 글을 써서 예약 발행을 걸어두고, 언제 올려도 어색하지 않을 글은 임시 저장함에 준비해두었다. 누가 시켜서 하는 건 절대 싫은데, 내가 하고 싶은 건 저절로 열심이 생겼다. 새 글을 발행하지 못하는 날엔 괜히 초조하고 불안해지는 금단현상을 겪기도 했다. 그렇게 기록이 쌓이다 보니 그간 쌓인 기록이 아까워서 그만두지 못했다. 꾸준함의 다른 이름은 미련이었다. 미련 때문에 계속하다 보면 어느 날엔가는 장인이 될 날도 올 것 같다.

2021년 5월, 유튜브나 인스타그램에 밀려 뒷걸음질 쳐가던 SNS의 시조 격인 블로그가 MZ 세대의 관심을 끌어내리려고 큰 이벤트를 열었다. 2주간 매일 일기를 남기면 무려 16,000원이나 되는 네이버 페이를 주기로 한 것이다. 요즘 세상에 누가 일기를 쓰냐고 생각하는 '일기 따윈 써 본 적 없는 자', 혹은 꾸준히 14일을 다 채우는 사람은 몇 없을 거라는 '일기 좀 써 본 자'가 기획한 이벤트가 분명했다. '#오늘일기' '#블챌(블로그챌린지)'이라는 해시태그만 함께 달면 누구나 참여할 수 있는 쉬운 이벤트였다. 어차피 하루에 하나씩 포스팅을 하고 있었으니 이런 것쯤이야 일도 아니었다. 하지만 나란 인간의 청개구리 같은 습관은 여전히 내 안에 남아있었다. 하루에 하나씩 꼭 써야 한다는 그날부터 그동안 멀쩡히 잘해오던 포스팅이 너무 하기 싫어졌다. 공부하려고 방에 들어갔는데 "공부해!"라는 잔소리를 들으면 폈던 책도 접어버리고 싶던 사춘기적 반항심 같았다. 어차피 평소에도 블로그에 뭐 그렇게 쓸 데 있고 영양가 넘치는 글만 써오던 건 아니었으면서 괜히 더 할 말도 없어졌다. 시답지 않은 소리라도 쓸까 하다가도 돈 몇 푼에 쓸데없는 소리나 늘어놓는 속없는 사람 같아 보일 것 같아서 망설여졌다. 근데 또 그게 뭐라고 혹시라도 빼먹으면 어쩌나, 내가 오늘 블로그를 했는가 안 했는가 조마조마했다.

하지만 이게 웬일. 빵빵한 사전광고와 함께 야심 차게 시작했던 이벤트는 딱 사흘 만에 종료되었다. 갑작스럽게 종료된 이벤트가 방학 후 첫 3일만 열심히 쓰던 일기 같아서 피식 웃음이 났다. 참여자들의 불만이 쏟아졌지만, 이유를 듣고 보니 주최 측도 이해가 갔다. 네이버에 한 사람이 만들 수 있는 아이디는 최대 3개인데, 세 개의 아이디를 개설해서 블로그를 만든 뒤 복사와 붙여넣기로 이벤트에 참여한 사람들이 상상 이상이라고 했다. 세상에, 그 부지런함과 열정이면 뭐라도 하시겠습니다만. 첫날의 열기로 짐작해 본 지출이 엄청날 것으로 예상되자 업체는 이벤트를 급히 종료했다고 한다. 기획자들은 '거저 버는 돈'에 대한 사람들의 열망과 기발한 발상을 짐작하지 못했다. 조롱과 비난이 난무한 몇 주 후, 기존에 작심삼일을 지켰던 참여자들에게만 이벤트가 재개됐다. 몇 가지 조건을 정비한 뒤였다.

꾸역꾸역 이벤트를 끝내고 16,000원을 받긴 했지만, 이벤트 기간 내내 강제로 쓰는 일기는 고역이었다. 괜히 스트레스가 생기는 걸 생각하면 얼마 되지도 않는 돈인데, 어차피 하던 거 하면 된다고 생각하면 안 하긴 아까웠다. 어린 시절 억지로 일기를 써야 했던 마음의 부담은 선생님의 꾸중에 대한 걱정이었다. 어른이 되어서 일기 쓰기의 부담을 갖게 한 건 얼마 되지도 않는 돈이었다. 정말로 없어도 그만인 금액조차 쉽게 놓지 못하는 어른이 된 내가 좀 짠했다. 이벤트가 끝나자 퇴근 후 온종일 꽉 조였던 속옷을 풀 때처럼 마음에 숨통이 트였다. 홀가분하게 진짜 오늘 일기를 들려주는 이웃들이 늘었다. 나 역시 마음이 가벼워지니 그전처럼 자연스러운 수다가 편하게 적혔다. 이제야 진짜 우리 일상으로 돌아온 기분이었다. 역시 내 인생은 내 맘대로 할 때가 제일 즐겁고 편하다. 고작 블로그 정도라도 내가 알아서 쓸 테니 이런 이벤트는 사양하고 싶다. 또다시 어른들의 미끼인 돈으로 낚싯대를 던지는 건 반칙이다. 물론 덥석 물지 않겠다고 장담할 수는 없지만, 우리의 블로그를 우리가 재량껏 꾸며가게 지켜주면 좋겠다. 가만히 둬도 우리는 알아서 척척척, 우리의 블로그를 잘 써나갈 테니까.

p.s. 초고를 쓰고 퇴고를 거치는 사이, 네이버 블로그는 '주간일기챌린지'라는 이벤트를 시작했다. 매주 1회, 장장 6개월에 걸쳐 주간 일기를 쓰면 참여 기간에 따라 선물을 준다. 아이패드, 맥북프로부터 3백만 원짜리 여행 상품권까지 선물의 스케일도 예전과 비교할 수 없을 만큼 커졌다. 이쯤 되면 반칙왕이다. 별수 있나,

이런 미끼라면 덥석 물 수밖에. 어차피 쓸 거였는데 마침 이벤트가 있는 것뿐이라고 생각하고 이번 주도 참여 완료!

블로그 안 팔아요

진짜 지긋지긋하다. 오죽하면 나를 소개할 자리인 프로필에 안 판다고, 광고는 사절한다고 써 두기까지 했을까. 하기야 프로필 이라도 읽고 그런 걸 보낼 사람들이면 애당초 블로거들이 자신의 블로그를 팔 거란 생각을 안 했겠지. 블로그를 팔라고, 가격을 후하게 쳐주겠다고 하는 쪽지를 하루에 두세 개씩 받던 시절이 있다. 크게 마음을 써서 한발 양보한다는 듯이 파는 게 싫으면 6개월 정도 임대하는 것도 괜찮다고 제안하는 곳도 있었다. 내 블로그에 무슨 짓을 할 줄 알고, 아니 무슨 짓을 할지 뻔히 아는데 그걸 덥석 물겠냔 말이다. 블로그를 사겠다는 광고꾼의 목표는 뻔하다. 검색 상위 노출. 팔려 가기 직전까지 잘 운영되던 건강한 블로그의 글은 대부분 검색 상위권에 자리 잡는다. 상위 노출을 시켜준다고 광고주들의 돈을 뜯어와서, 이런 식으로 블로그를 산 다음 거기에 광고를 해대려는 심산이다.

오랜 시간 맺어둔 이웃들의 새 글 알람에 노출하고 블로그 원래 주인의 신뢰도에 기댄 채 몇몇을 낚을 수도 있겠다. 블로그를 팔라는 금액이 수백만 원에 달하는 걸 보면 순진한 광고주들에게 대체 얼마의 돈을 뜯어내는지 모르겠다. 이 블로그가 완전히 망가져 저품질의 나락으로 떨어질 때까지 쓰레기 같은 포스팅을 계속 올릴 게 뻔하다. 그러니까 저들은 내 시간과 애정을 들여 오랜 시간 키워온 블로그를 돈 몇 푼에 작살내라고 제안하는 것이다. 그래, 블로그를 때려치울 결심이 섰다고 치자. 하지만 블로그를 판다는 건 네이버에 가입된 내 아이디와 비밀번호를 내어준다는 뜻이다. 그러니까 저들이 무슨 메일을 발송할지, 무슨 제품을 팔지, 무엇을 광고할지 전혀 모르는 채로 나의 개인정보를 고스란히 묶어서 넘긴다는 것이다. 나중에 내가 어떤 사건·사고에 연루되어 무슨 책임을 지게 될지 모른다는 뜻이다. 그러기엔 나는 아직 정신이 온전하여 사리 분별이 가능하다. 신고하기를 열심히 누르고, 스팸메일로 부지런히 등록했더니 내 눈에 띄기 전에 미리 거르게 되었다.

바이럴 마케팅에도 트렌드라는 게 있는 모양이다. 매매와 임대 요청 다음에 등장한 건 기자단 모집 글이다. 블로그 좀 한다는 사람들은 한 번쯤 다 받아봤을 쪽지에는 '기자단으로, 영향력 있어, 새 원고 새 사진, 원하는 카테고리 맞춰'라는 말들이 적당히 섞여 있다. 요즘엔 '블주님'이라고 부르며 날아오는 쪽지도 많다. 교주님도 아니고 블주님은 또 뭔가. 여하튼 내용을 요약하면 글과 사진은 우리가 준비해 줄 테니 너는 올리기만 해달라는 얘기다. 건당 2~3만 원부터 월 300~500만 원까지를 제안하며 유혹하지만, 세상에 거저먹기같이 쉬운 돈 벌기는 없다. 네이버 공식 블로그에서도 원고만 받고 올리는 일을 하지 말라고 정확히 경고한다. 저품질의 나락으로 가는 급행열차에 오르는 격이다. 해봤냐고? 해본 분을 안다.

친한 이웃 한 분이 평소와 전혀 다른 결의 포스팅을 올렸다. 이건 딱 봐도 광고인데? 비밀 댓글로 혹시 포스팅 알바 받으셨냐고 하니까 어떻게 알았냐고 깜짝 놀라신다. 이렇게 딱 보면 광고처럼 보이는 게 광고다. 저품질로 갈 수 있다는 염려를 전하니 새로운 블로그로 이사를 결심하신 터라 기존의 블로그로 소소한 아르바이트를 해볼 생각이라고 하셨다. 업체에서 주는 글 내용도 조금씩 손보시고, 사진 파일 이름도 바꾸시는 게 좋겠다고 그간 주위들은 저품질 방지 팁을 공유했다. 한 달 뒤쯤 수익이나 저품질 결과를 알려주겠다고 했는데, 결과는 역시나 저품질이었다. 각오하고 했던 일이라도 안타깝다.

최근 꽤 많이 받은 광고는 'C-rank* 상위 노출'에 관한 사진 댓글이다. 쪽지나 댓글에 구구절절 글을 써서 남기는 대신, 모든 내용이 들어있는 사진 파일 하나를 툭 던져놓고 간다. 내용은 내 블로그가 너무 저평가되어 있는데, 이게 다 네이버 시스템의 C-rank를 몰라서 생긴 일이라는 거다. 돈만 내면 블로그 순위를 확 끌어올려 준다고 유혹한다. 전문용어가 등장한다고 다 믿으면 안 된다. 내 블로그에 사람이 이렇게 안 오는데 이유가 있었다고 홀려가면 안 된다. 몇 번만 검색해서 꼼꼼하게 읽어보면 C-rank라는 게 돈 낸다고 해결할 수 있는 게 아니란 걸 알게 된다. 어려운 말이 많이 나와서 이해가 안 된다면 안 읽어도 된다. C-rank는 블로거들이 고려할 게 아니라 시스템 운영자들, 즉 검색 포털회사에서 걱정하고 발전시켜야 하는 로직이다. 우리가 C-rank를 고려해서 할 수 있는 일은 거짓 없고 진실된 양질의 콘텐츠를 생산하는 것뿐이다.

역시 블로그란 머리 아프고 어렵다고 생각할 필요는 전혀 없다. 요행을 바라는 대신 정공법으로 가면 된다. 광고 댓글은 신고하기를 누르면 저절로 삭제된다. 메일이나 쪽지는 스팸으로 등록하면 다음번엔 알아서 걸러진다. 그리고 마음 편히 내 블로그로 향하면 된다. 정직하게 살라는 말, 세상에 공짜는 없다는 말이 통하는 건 블로그 세상이라고 별다르지 않다. 블로그도 사람의 일이다.

*   C-Rank : 검색 순위의 정확도를 높이기 위해 사용되는 기술 중 문서 자체보다는 해당 문서의 출처인 블로그의 신뢰도를 평가하는 알고리즘이 있는데 네이버 검색에서는 이를 'C-Rank'라고 부른다. C-Rank 알고리즘을 통해 해당 블로그가 주제별 관심사의 집중도는 얼마나 되고(Context), 생산되는 정보의 품질은 얼마나 좋으며(Content), 생산된 콘텐츠는 어떤 연쇄반응을 보이며 소비/생산되는지(Chain)를 파악해 이를 바탕으로 해당 블로그가 얼마나 믿을 수 있고 인기 있는 블로그인지(Creator)를 계산한다. (출처 : https://blog.naver.com/naver_search/220774795442)

밥벌이를 잘 부탁해

일을 일처럼 하고 일답게 시키는 사람 밑에서, 일 같은 일을 하고 싶다.

아침부터 온종일 화가 나 있다. 도돌이표 30개를 먹은 고참 덕에 아침부터 속이 터졌다. 말도 안 되는 일을 일방적으로 시키는 고참에게 화가 나다가, 다들 잘 참는데 왜 나만 이렇게 모나게 구는가 싶어 나에게도 화가 났다. 그럼에도 불구하고 찬찬히 앞뒤 사정을 따져보면 여전히 내가 틀린 게 아니라는 생각에 고참에게 화가 나다가, 내가 나한테 맞게 자기 합리화를 했을까 다시 반성해 보는 무한궤도를 돌면서 머리가 지끈거렸다.

점심을 먹고 다시 마음을 추슬러 일을 해볼라치니, 오전 내내 내가 한 말대답이 마음에 걸렸는지 또 회의를 하자고 불러서 대체 내가 알아들을 수 없는 말을 해대는 고참 때문에 결국에는 욱하고 말았다.

일을 일처럼 가르치는 사람이 좋고, 일을 일처럼 하고 싶다. 적어도 '회사'라는 집단에서는. 내가 하는 일은 그랬으면 좋겠고, 내가 다니는 회사가 그런 합리적인 집단이길 바란다. '일'하려고 만난 집단이니 무엇보다 '일'을 잘해야 하는 거 아닌가?

내가 생각했을 땐 도무지 말이 안 되는 절차로 일을 하려 들지 말고, 내가 하는 생각이 잘못된 이유를 설명해서 날 인정시키든 아니면 자기가 생각을 바꾸든. 고참이라면 그 직급 고스톱 쳐서 딴 게 아닐 테니까. 그 위치에 맞게 일해야 한다고 생각한다.

지금까지 너무 좋은 사람들과 일을 해왔다. 입사 이후 지금까지 너무 좋은, 능력 있는 사람들에게 일을 배웠던 것이다. 그래서 조금 착각했나 보다. 아, 역시 내가 선택한 이 회사는 모두 능력 있는 사람들이라 배울 것이 많다고. 이제 와 크게 실망한 나에게 다른 이들이 건네는 위로는 잘 기억했다가 너는 저런 고참이 되지 말라고. 일단 고참이 될 때까지 기다려야 하는가.

예전 고참이 나에게 그랬다. 너의 일과 제대로 마주 보라고. 지금 나는 내가 하는 일과 제대로 마주 볼 시간. 나는 무슨 일을 하고 있으며, 무슨 일을 하고 싶으며, 어떻게 지금 내 일을 하고 있는지…. 나를 너무 감정적으로 소비하고 돌아온 하루. 피곤하다. (2016. 4. 6)

그가 누구였을까. 그즈음을 짚어본다. 아, 그 사람이구나. 끄덕끄덕. 애정이었구나. 나는 회사에 큰 애정이 있던 젊은이였구나. 그날의 블로그는 속풀이의 장이었겠으나, 오늘 다시 그 속을 들여다보니 어쩐지 이젠 나에게 남아있지 않은 애정 같아 슬퍼진다. 정말 나는 어린 시절의 나의 다짐대로 괜찮은 고참이 되고 있는가도 생각해 보게 된다.

성희롱의 기준이 궁금하다고요?!

당신의 언행을 남이 내 딸, 내 아내, 내 누이, 내 손녀에게 똑같이 한다고 했을 때 절대 안 된다고 생각하거나, 불쾌하거나, 화가 날 것 같거나, 혹은 죽여버리고 싶은 마음이 든다면 당신의 말과 행동은 성희롱이라고 생각하시고, 하지 마십시오. (2016.1.22)

서슬 퍼렇게 단호한 말을 적었던 날은 순진한 척 착한 척 억울한 척 다하는 정신 나간 부장한테 무척 열받은 날이었다. 직접 면전에 하지 못한 말이 분해서 뒤늦게 생각을 글로 정리했던 어린 내가 가엾다. 지금의 나라면 생글생글 웃지만 매서운 눈빛으로 "조금 더 하시면 직장 내 성희롱으로 신고할 거예요."라고 제대로 경고해 줄 텐데. 차마 그러지 못했던 그때는 누구라도 읽으라고, 누구라도 바뀌라고, 누군가는 뜨끔하고, 누군가는 부끄러워지라고 이렇게나마 쓴 것이다. 제발 세상이 조금은 더 나아지라는 간절한 마음으로.

회사 탓이냐, 내 탓이냐(부제: 일 많은 아랫것 파이팅)

짜증과 분노로 가득 차는 내 모습은 내가 사랑하는 내 모습이 아닌데 자꾸 이렇게 불만투성이가 되는 건 회사 탓일까, 내 탓일까. 원래 세상은 불공평하다. 일 안 하는 놈은 끝까지 안 하고 결국 일하는 놈만 계속 일하는 걸 보면 그냥 나도 월급 루팡처럼 살아버릴까 싶다가도 그건 아니잖나 싶어서 짜증이 확 난다. 짜증 나 짜증 나 하다 보면 더 짜증이 나는데, 자꾸 미운 마음을 만들어내고 있다.

정말 윗사람들 눈에는 안 보이는 걸까? 아니면 다 보이는데 그냥 그렇게 두고 있는 걸까? 정말 이런 회사가 내 회사란 말이지? 나는 어쩌다 이런 회사를 골랐을까? 내일 죽는대도 이 일을 하겠냐 물으면 당연히 아니라고 대답할 건데, 그렇게 대답할 거면서 왜 아직도 이 일을 하냐고 물으면 내일 안 죽을 거라고 믿기 때문이라고 할까. 꼭 이 일이 아니면 밥 굶어 죽을 것 같지도 않은데, 그럼에도 불구하고 이 일을 하고 있는 건 그나마 편하게 밥벌이가 될 거로 생각하는 건가. 장미꽃 같은 입술에서 향기로운 말만 나와도 부족한데 숫자 동물 거센소리 된소리 거친 소리만 나오려고 해서 내일부턴 묵언수행이라도 시작할까 싶다. 일 많은 아랫것 파이팅. 하나도 안 빛난 오늘. (2016. 9. 28)

밤 12시에 남긴 격한 마음은 또 무슨 일이었을까. 이제는 기억도 가물가물하지만, 당시에 답답함을 이렇게 쏟아내고 또 한고비를 넘긴 내가 애틋해진다.

밥벌이를 두고 이런저런 고민을 하는 건 오래전부터 계속되었던 시간이었다. 나는 잊고 기억하지 못한다고 해도, 이렇게 남겨둔 글을 보면 빼도 박도 못하게 된다. 2017년에도, 2018년에도 빡친감 넘치는 시간은 계속되었지만, 이렇게 속풀이를 해가며 버텼는가 보다. 2022년 현재도 같은 회사에 다니고 있으니 말이다. 날마다 이렇게 화가 나 있으면 이런 블로그에 누가 올까 싶지만, 다행히 이런 마음은 '밥벌이의 지겨움'이라는 폴더에만 가끔 올라온다. 책 제목에 반해 블로그에 같은 이름의 폴더를 하나 만들고 회사에서 속이 터질 때, 일이 싫을 때, 사람이 미울 때, 지겨울 때, 억울할 때, 그만두고 싶을 때마다 글을 모았다. 소심한 마음에 회사의 누군가가 볼까 걱정되어 생전 일어나지 않을 염려에 비공개로 올리기도 했고, 상대와 사건을 다 지운 채 심정만 적어 내리기도 했다. 그런데도 많은 직장인이 공감한다고, 자기도 그렇다고 댓글을 달았다. 그리고 그게 또 그렇게 위로가 됐다.

한 번은 심각하게 나를 위한 방패가 필요하다고 생각한 일이 생겼다. '만약을 위해 기록을 시작함'이라는 시리즈 글을 남기기 시작했다. 등장인물의 이니셜까지만 사용해서 비공개로 발행했다. 발행 일시로 기록의 날짜가 정확히 남는 블로그의 특성이 수기 일기장보다 안전할 것으로 생각했다. 자칫 무슨 일이 생기면 이 모든 것들이 증거가 되어 나를 보호할 것이라는 심정으로 썼다. 혹시나 유서처럼 발견되어 억울함을 풀어주길 바라는 생각은 전혀 없었다. 젊어서 써야 하는 건 유서보다 살생부, 데스노트 쪽이다. 여차하면 너 죽고 나 살자 쪽으로 싸울 생각이었다. 결국 나를 지키는 건 나부터 시작해야 하는 게 사회생활이다. 그렇게 차곡차곡 남기다 보면 쓰면서 한차례 마음이 차분해지거나, 논리적으로 화를 낼 수 있는 것도 큰 장점이었다. 화도 생각을 정리해가면서 내면 더 효과적으로 따질 수 있어서 막강해지는 기분이 든다. 매일의 빡친감을 그렇게 소화해 내며 고비를 넘겼다. 전쟁 같은 시간은 어떻게든 지나가고 있지만, 이 기록들이 언젠가 회사를 그만둔 뒤에나 쓸 수 있는 책의 흥미진진한 글밥이 되겠다고 스스로 위안하며 산다.

이 글을 쓰며 다시 보는 '밥벌이의 지겨움' 폴더의 시간은 정말이지 징글징글하다. 그런데도 여기서 아직도 밥벌이를 하는 걸 보면 먹고사는 게 뭐길래 이리 고단한가 싶다. 하지만 이 폴더가 아니었다면, 이 블로그에 쏟아부었던 한풀이와 복수 다짐과 내적 안심이 아니었다면, 이 밥벌이는 진즉에 끊겼을지 모르겠다. (그게 더 좋은 일이었을지도 모르겠단 생각도 문득 들었다.)

하루아침에 로또나 주식이나 코인으로 대박이 날 리 없다. 갑자기 창업해서 사장이 될 가능성도 희박해 보이니, 나는 앞으로도 꽤 오래 월급쟁이로 살아야 할 테다. 남의 돈을 벌어먹는 건 어쩔 수 없이 치사하고 지겨운 일이라 나는 이 공간에 또 짜증을 풀고, 반성하고, 다짐도 할 테지. 때론 행복하다고 고백하는 날도 있을 거라고 믿는다. (제발.) 이렇게 밥벌이의 희로애락을 함께 하며 누구보다 든든한 친구가 되어줄 내 블로그에게 다가올 날들의 밥벌이를 잘 부탁해본다.

단군의 블로그 자손

아랫집 윗집 사이에 울타리는 있지만,

(1절) 기쁜 일 슬픈 일 모두 내 일처럼 여기고

(2절) 잘못이 있어도 모두 용서하고 타일러

서로서로 도와가며 형제처럼 지내자,

우리는 한겨레다 단군의 자손이다.

– '서로서로 도와가며'(작사 어효선, 작곡 정세문)

내가 초등학교에 다니던 시절 음악 교과서에 있던 동요인데, 아직도 초등학교 음악과 생활 교과서에 수록된 모양이다. 내가 어릴 때만 해도 저 노래 가사처럼 이웃집 아이들과 서로서로 싸워가며 형제처럼 잘 놀았다. 엄마가 장거리 외출이라도 나가시는 날엔 이웃집에서 밤늦게까지 돌봐주셨다. 저녁을 짓다가 똑떨어진 재료를 급하게 찾을 땐 이웃집에서 계란 두 알, 파 한 뿌리 같은 걸 빌렸다. 서로 음식이나 과일을 나누는 건 흔한 일이었다. 가끔 이웃집 가족들이 다 모여 함께 아파트 앞마당에서 고기를 굽기도 했다. 히트였던 드라마 '응답하라' 시리즈에 나오는 동네의 모습 그대로였다.

글렀다. 세상이 빠르게 변하고 그보다 더 빠른 속도로 집값이 가파르게 올라 버렸다. 어른이 되면 어느 순간에는 자기 집이라는 게 생길 줄 알았는데, 아래 집이든 윗집이든 이번 생에 내 집을 가질 수나 있을지 모르겠다. 있다고 한들 이웃집 숟가락이 몇 개인지까지 서로 훤히 들여다보고 살던 시대는 진작에 끝났다. 드라마 「응답하라」 시리즈가 히트한 것도 그 모습들이 아련한 추억으로 남아버린 덕분일 것이다. 이제 단군의 자손들은 서로 적당한 거리를 두고 사는 것이 편하다. 특히 1인 가구인 나로서는 이웃에 누가 사는지 알지도 못하고, 알고 싶지도 않다. 내가 혼자 산다는 걸 남들이 모르는 게 차라리 안전하게 느껴진다. 그뿐인가. 이 시대의 아랫집과 윗집 사이엔 울타리 대신 층간 소음이라는 예민한 문제가 있다. 함부로 타이르다간 칼부림이 나는 무서운 세상이다. 서로서로 도우면 퍽 좋겠으나 서로서로 피해만 주지 않아도 다행인 그런 세상을 산다.

이런 팍팍한 세상을 사는 무주택자인 나에게도 다정한 이웃이 있다. 매일 서로를 방문하여 일상을 살펴주고 다정한 참견을 건네며 소통을 이어가는 사이. 좋아하는 가수의 콘서트 일정을 공유하고, 알뜰 쇼핑 소식을 발 빠르게 전하고, 자기만의 요리 비법을 아낌없이 전수해 주는 사이. 속상한 날엔 토닥여주고 기쁜 일엔 나보다 더 기뻐해 주는 사람들. 서로를 향해 응원을 아끼지 않는 이 끈끈한 이웃들을 만난 곳이 바로 블로그 세상이다. 소소한 이벤트를 만들며 서로 응원하고 응모하는 재미를 만들어가는 사람들, 여행을 다녀오면 넉넉히 기념품을 사 와서 나누는 사람들. 온라인 세상에서만큼은 보란 듯이 내 집 한 칸을 지었던 덕분에 만난 이웃들이다. 울타리를 두고 윗집 아랫집 옆집으로 만난 물리적 이웃은 아니지만, 블로그 세상의 우리는 그 어느 현실 이웃들보다 돈독하고 끈끈하다.

그래봐야 가상의 세계 이웃이 아니냐고 비웃는다면 아직 블로그를 제대로 모르는 사람일 가능성이 크다. 현실 세계에서 필요한 사람을 서로 소개해 주고, 사업하는 이웃의 제품을 자기 일처럼 나서서 홍보해 주는 사람들은 분명 오프라인에 산다. 급하게 헌혈증이 필요하다는 이웃의 다급한 소식을 앞다투어 '공유하기'로 퍼 나르는 선한 영향력은 현실 세계에서 큰 힘이 된다. 자기 지역 특산품이 제철을 맞이하면 마음을 듬뿍 담아 택배로 보내주는 나와 내 블로그 이웃은 분명 현실을 함께 산다. 서로 조금씩 애정을 표현하다가 어느 날엔가 현실 만남까지 성사하고 나면 뭉클하기까지 하다.

블로그가 아니었다면 내가 어디서 이런 이웃들을 만났을까. 이번 생에 집 한 칸 살 돈을 다 벌진 못했어도 블로그를 시작하긴 잘했다. 당장 내 옆집에 누가 사는지 전혀 모르고 살지만, 고립감 같은 건 없다. 외로움 같은 건 느낄 새가 없다. 나는 오늘도 방문할 수많은 이웃이 있다. 외롭다고 고백하면 바로 달려와서 댓글을 달아주고 응원을 해주는 내 편이 있다. 내 의지에 상관없이 정해진 위 아랫집 거주인들보다 내 취향껏 골라 사귄 덕분에 심리적으로는 훨씬 가까운 사람들이 블로그 이웃이다. 어느 순간 좀 부담스럽다 싶으면 이사까지 가지 않아도 서서히 멀어질 수도 있다는 안도감도 꽤 크다. 밤새도록 활동을 해도 층간 소음 같은 건 걱정할 필요도 없다. 다정이 그립고 연대에 목마르다면, 사람과의 소통이 간절하고 알 수 없는 외로움에 마음이 헛헛하다면 블로그 이웃을 만나보시길. 우리는 온라인상에서도 충분히 인간미가 넘친다. 우리가 만날 수 있는 이웃의 범위는 무한하다. 이 시대를 사는 단군 자손들의 소통과 연대는 국경도 인종도 초월하여 확장된다. 오늘도 나는 나의 이웃들과 형제처럼 잘 지내고 있다.

검색만 하다 골든 타임을 놓칠 수도 있어요

보스웰리아 사려는데 NCS 포함된 제품 맞을까요? 화학 성분이 들어있으면 인체에 치명적이라고 하는데 하이드록시프로필메틸셀룰로스, 이산화규소 등이 포함된 것 같아 질문드려요 ㅠㅠ

엄마 아빠한테 선물한 보스웰리아 제품의 후기를 남겼더니 이런 댓글이 달렸다. 진짜 남의 블로그 댓글 창에 이런 질문을 하는 사람이 있을까 싶겠지만, 정말 이런 사람들이 있다. (이럴 때마다 세상엔 참 다양한 사람이 있다는 걸 한 번씩 깨닫게 된다.) 질문을 한 사람이 나보다 제품의 성능과 함량에 대해 훨씬 더 많이 아는 것 같다. 내 글을 돌려 까고 있는 건지 진짜 궁금해서 물어보는 건지 애매하다. 답글을 달까 말까 하다가 제품 홈페이지의 Q&A를 이용하라고 짧게 남겼다.

건강이나 병원에 관련된 글을 올리다 보면 가끔 당혹스러운 댓글을 만난다. 본인의 증상을 얘기하면서 병원에 갈지 말지를 묻는 사람들. 집에 있는 이런 약을 먹어도 되냐고 물어보는 이도 있다. 해외에서 영양제를 샀는데, 먹어도 탈이 나지 않겠냐고 묻는 분까지. 내가 엄청난 의학지식을 뿜냈을까 하고 다시 내 글을 읽어봐도 딱히 그래 보이지는 않는다. 내 블로그 어딜 봐도 내가 의학계 종사자가 아닌 건 너무 확실한데, 내가 어떤 대답이라도 하면 그대로 할 생각일까. 뭘 믿고! 하긴, 인터넷 카페, 심지어 직장인들의 익명게시판이라는 블라인드에도 자기의 증상을 말하며 해결 방법을 구하는 사람들이 많다. 대체 왜 여기다가 물어볼까 싶었던 기억을 헤아려 보면 내 블로그에 와서 묻는 것도 이상할 게 없긴 하다.

온라인에는 여러 가지 질병의 원인과 증상, 해결법 같은 글들이 많다. 몇 가지 정보만 조합해보면 나랑 비슷한 증상의 병명을 자가 추론도 할 수 있다. 병명을 찾았으니 해결법도 너끈히 셀프 처방이 가능하다. 누군가의 경험 후기까지 읽고 나면 일말의 의심은 사라지고 확신만 남는다. 별거 아니구나, 병원 안 가도 되겠구나. 세상 위험한 일들이 생각보다 자주 일어난다. 한 번쯤 어떤 증상을 검색창에 입력해 본 경험들 있지 않은가.

"엄마, 왜 그러고 있어?"

하루는 늦게 귀가했는데, 엄마가 몸을 작게 웅크리고 있었다. 배가 아프다고 했다.

"인터넷에서 찾아봤는데 장이 꼬인 거 같아. 기다리면 풀리더라고."

이미 자가 진단이 끝나 있었다. 기다리니까 괜찮아졌다고 하는 걸 보니 한두 번 있던 일이 아닌 모양이었다. 세상 똑똑하고 야무져 보이는 우리 엄마도 이럴 땐 정말 대책이 없다.

"그걸 왜 거기서 찾아! 병원에 가서 의사한테 물어봐야지!"

소리를 꽥 지르고 당장 일어나라고 채근해서 응급실로 옮겼다. 장이 꼬이긴 무슨. 배 속에서 탁구공만 한 염증 덩어리가 발견되어서 전신 마취가 필요한 대수술을 했다. 조금만 더 늦었으면, 그 탁구공만 한 염증 덩이가 터져서 장기 이곳저곳을 다 오염시켰으면 어떻게 됐을지 생각하기도 싫다. 크게 물러나서 엄마의 증상이 장 꼬임이었고, 기다리면 나아졌다고 치자. 그럼 대체 증상이 몇 번 반복되면 병원에 갈 생각이었을까. 그냥 매번 그렇게 참을 작정이었는가. 그 이후로 몸의 이상 증상에 대해서 '인터넷에서 찾아봤는데'라는 대답은 우리 집에서(적어도 내 앞에서는) 더 이상 먹히지 않는다. 지금, 당장, 병원으로, 가요!

정보가 과해서 정보력을 잃는 시대, 블로그에도 그런 글을 쓰는 사람 참 많다. 화려한 사진이나 그림과 함께 번호까지 착착 매겨서 올라온 글들은 조금만 살펴보면 자기복제 한 것처럼 비슷하다는 걸 알 수 있다. 아무 생각 없이 그렇게 비슷한 글을 5개쯤 읽고 나면 그 글의 내용이 맞겠거니 하게 된다. 그렇지만 누군가 팩트를 확인하지 않고 올린 글을 생각 없는 사람들이 그대로 따라 썼다면 그것은 사실일까? 거짓 뉴스들이 이렇게 퍼진다지만, 그런 내용이 병이나 건강에 관련된 것이라고 생각하면 오싹해진다. 병원에 가서 빠르게 치료받아야 할 골든 타임을 누군가의 블로그 글이 망치고 있다면? 그런 종류의 글을 쓰는 블로거들이 과연 자기 글의 영향력에 대하여 깊게 생각은 했을까.

'병은 의사에게, 약은 약사에게'라는 말이 괜히 있는 게 아니다. 아프면 병원으로 가야 한다. 어느 과로 가야 할지 모르겠다면 인터넷이 아니라 동네 병원에 찾아가서 물어봐야 한다. 인터넷에서 비슷한 증상을 찾아보고 병에 대해 짐작할 수는 있겠지만, 그건 말 그대로 짐작일 뿐이다. 증상이 심상치 않다면 검색을 하면서 낭비할 시간에 병원에 가서 정확히 진단받는 것이 여러모로 훨씬 좋다. 다른 것도 아니고 내 몸의 건강에 관한 질문은 인터넷에 할 일이 아니다. 요즘엔 포털 사이트에 질문하면 의사나 약사 같은 전문인이 대답해 주는 시스템도 많이 갖춰졌다. 하지만 그들도 글의 끝에는 '정확한 진단을 위해 병원을 찾아라.'라는 말을 잊지 않는다. 전문가들도 온라인 상담의 한계를 분명히 알고 있기 때문이다. 블로그에 의학 정보나 건강 상식에 관해 쓰는 블로거들은 자신의 손끝에서 나오는 글의 파급력을 한 번쯤 더 고민해보면 좋겠다. 내 글이 누군가의 골든 타임을 뺏을 수도 있다고 생각하면 오싹해지지 않는가.

내 몸은 소중하다. 내 건강은 내가 챙겨야 한다. 아무에게나 묻고, 대충 어림짐작으로 진단하고, 적당히 처방해서는 건강하게 오래 쓰지 못한다. 온라인에 수만 가지 정보가 있지만, 나를 위한 단 하나의 정확한 진단을 위해 아프면 병원에 가자.

임금님 귀는 당나귀 귀

Chapter 3

임금님 귀는 당나귀 귀

    가족여행 에세이를 쓸 만큼 함께 여행을 많이 다닌 가족이니 화목함만 있을 거로 생각하면 곤란하다. 부모님과 10년도 넘게 여행했으니 엄청난 효녀라고 생각한다면 틀렸다. 물론 친구들과 비교해 보면 유난히 가깝고 잘 뭉치는 끈끈한 가족이긴 하지만, 가족여행의 하이라이트가 싸움이라고 썼을 만큼 우리 가족도 안 맞을 땐 세게 부딪힌다. 이과 출신의 글 쓰는 딸은 한번 따지고 들기 시작하면 세상에 둘도 없을 만큼 논리 정연하게 지랄맞다. 딸의 고집은 딱 엄마 아빠를 빼다 박았다. 기 센 가족끼리 서로 한번 크게 마음 상하면 어느 한쪽도 쉽게 꼬리를 내리지 않는다. 그래도 보통은 주 단위를 넘기지 않았는데, 어떤 시기엔가 가족 간의 큰일을 두고 자주 할퀴다가 크게 상처 입히고 아무는 데 시간이 오래 걸렸다. 몇 개월간 서로 연락하지 않았다.

너무 서운한 거다. 아무리 따지고 곱씹어 봐도 내가 잘못한 게 없는데 엄마 아빠가 나한테 화를 내는 상황이 억울하고 분했다. 엄마 아빠 입장에서도 본인들이 잘못했더라도(여전히 곱씹어봐도 끝까지 내 잘못은 아니다) 딸이 적당히 넘어가 줄 법한데, 끝끝내 부모를 이겨 먹겠다고 고집불통인 게 괘씸했을지도 모르겠다. 정확한 인정과 제대로 된 사과가 없으니 은근슬쩍 다가서다가도 다시 싸우는 일이 반복됐다. 처음엔 양쪽 다 화가 나서 버텼는데, 화해의 골든 타임을 넘겨 버리는 바람에 양쪽 다 이 냉전을 어떻게 손써야 할지 모르게 됐다. 인생의 가장 친밀한 사람들과 날 선 상태를 오래 유지하다 보니 스트레스가 엄청났다. 뭐 하나 제대로 집중도 할 수 없고, 하는 일들도 계속 꼬여갔다. 크게 틀어지지 않은 소소한 일에도 심하게 짜증이 나고, 마음이 자주 깊게 가라앉았다. 엉망진창이었다. 사실 해결 방법은 간단했다. 먼저 다가가서 손 내밀고 다시 예전의 가족 관계를 회복하는 것. 하지만 머리가 안다고 해서 항상 마음까지 동하는 건 아니다. 오랫동안 연락 없는 엄마 아빠에게 마음은 더 상해 있었다. 처음 화가 났던 이유는 분명 다른 것인데, 화의 원인이 변질되고 있었다.

친구들을 붙잡고 구구절절 똑같은 사연을 쏟아내 봐야 진심 어린 공감을 받기도 힘들었다. 아무리 철딱서니가 없어도 남 앞에서 가족 험담을 해봐야 제 얼굴에 침 뱉기라는 정도는 알고 있었다. 그러니 친구를 만나서 이야기를 나누더라도 감정을 걸러내고 숨겨가며 상황을 설명하는 내가 있었다. 그건 막무가내로 감정을 다 쏟아내며 하소연하는 것보다 더 힘들었다.

블로그의 '생각' 폴더를 열었다. 깊게 생각한 것들을 정리해서 쓰는 글이나 출렁거리는 마음을 기록해두는 공간이었다. 다른 폴더는 모두 전체 공개로 글을 쓰지만 '생각' 폴더만큼은 비공개, 이웃 공개, 전체 공개의 단계를 적절히 선택해서 발행했다. 수위를 조절해서 쓰는 보여주기 위한 일기장 같은 곳이랄까. 대부분 주어도 목적어도 없는 글들을 썼다. 억울하고 짜증 나고 속상하고 서운하다는 감정은 느껴지지만, 대체 무슨 일인지는 알 수 없는 글들이 모여 있었다. 시간이 오래 지나면 무슨 일이 있었는지 나조차도 알 수 없을 글에서 나는 그저 처음부터 끝까지 징징대는 경우가 대부분이다. 어른이 되고 나서는 누구 앞에서도 함부로 하지 못하던 투정을 모아두는 기록 저장소이다.

이번엔 여느 때보다 심한 투정을 쏟아냈다. 잠시 고민하다가 '전체 공개'로 글을 발행했다. 감동의 포인트는 그다음이었다. 이 개떡 같은 문장들을 찰떡같이 알아듣는 이들이 있었다. 분명히 내용도 모를 텐데 귀신같이 콕 집어서 내가 듣고 싶은 말들을 해주는 다정한 이웃들이 거기 있었다. 토닥토닥. 네가 옳다고, 네 잘못이 아니라고, 너만 생각하라고, 잘 지나갈 거라고. 마음을 담은 문장들이 모여 큰 울림이 되었다. 혼자라는 생각을 사라지게 하는 따뜻한 포옹들이 겹겹이 이어졌다. 왈칵 터져버린 눈물에 혼자 훌쩍거리며 댓글에 답글을 달았다. 내 편이 이만큼 많다는 생각에 뾰족하게 얼어있던 마음도 조금씩 녹아내렸다.

꼭 가족과 싸웠을 때뿐만이 아니다. 혼자 품기에는 내 마음이 너무 좁은데, 그렇다고 가족이나 친구와 나눌 수 없는 이야기도 블로그가 딱이다. 남자친구랑 헤어지고 힘든 마음을 구구절절 가족들과 나누기엔 내가 너무 옛날 사람이다. 괜찮다가도 불현듯 너무 우울하고 외로운 감정이 휘몰아칠 땐 슬며시 서로이웃을 걸고 글을 쓴다. 그러면 비밀 댓글로 지나간 엑스들에 관한 이야기를 나눠주며 피식 웃게 해주는 이웃들이 나타난다. 사춘기보다 갱년기가 더 가까워진 나이에도 끊이지 않는 자의식 탐구와 진로에 대한 고민을 들어주는 곳도 블로그다. 이쯤 되면 호르몬 교란이나 호르몬 이상인데, 멈추지 않고 되풀이되는 질풍노도의 시기의 불안함을 털어놓는 곳도 여기다. 내적 갈등은 끊이지 않고, 대체 나는 어디로 어떻게 가야 할지 모르겠을 때마다 블로그에 주절거린다. 입사와 더불어 시작된 퇴사 타령에 엄마와 아빠는 아묻따(아무것도 묻지도 따지지도 않고) 반대, 이런 고민을 써 놓으면 비슷한 고민을 하는 사람들이 얼마나 많은가 알게 된다. 댓글과 답글이 줄줄 달리며 결국 다 같이 '힘내자!'로 대동단결하고 만다.

  그러고 보니 블로그가 나의 대나무 숲이다. "임금님 귀는 당나귀 귀!" 하고 외칠 수 있는 곳이다. 숨겼으나 숨기지 않은 곳. 꽁꽁 숨기는 대신 누구나 읽을 수 있고 참견할 수 있는 곳을 대나무 숲 삼았더니 다양한 응원이 온다. 이미 그 문제를 지나간 사람의 경험, 같은 문제를 겪고 있는 사람의 공감이 큰 힘이 된다. 결국은 다시 힘내보기 위해 징징거린 곳, 다시 일어설 테니까 잘 보고 응원해 달라고 어리광부리는 곳. 그런 나의 마음을 단번에 꿰뚫어 보고 기대 이상의 응원을 보내는 다정한 이웃들이 있으니, 나는 또 한 번 힘을 낼 수밖에.

당신을 응원합니다

이웃 블로그를 살피며 그들의 하루를 순찰한다. 잘 챙겨 먹는 이웃, 잘 챙겨 읽는 이웃, 행복한 소비를 끝낸 이웃, 여행의 즐거움을 만끽하는 이웃, 경사를 맞이한 이웃. 다양한 종류의 하루를 엿보며 부러움, 축하, 기쁨의 댓글을 남긴다. 장문으로, 단문으로, 스티커로, 혹은 공감이라는 하트 하나를 누름으로써 내가 당신의 일상에 관심이 있음을 전한다.

누군가의 일상이 안녕할 때보다 훨씬 마음이 쓰이는 곳은 역시나 걱정과 근심이 있을 때다. 친구나 연인과의 다툼, 타인이나 본인에 대한 실망감, 본인이나 가족의 건강 문제, 직장 문제, 고부갈등처럼 수많은 문제를 고백한 이웃들의 이야기에 좀 더 세심하게 귀 기울이게 된다. 경사는 빠져도 조사는 빠지지 말라는 어른들의 가르침은 블로그 세상에서도 똑같이 적용된다.

특히나 집중해서 돌봐야 하는 것은 마음 아픈 이웃들의 이야기이다. 좌절하고 낙심하고 분노한 이웃들의 이야기는 허투루 넘기지 않게 된다. 몸이 아픈 사람들이야 직접적인 치료는 병원에서 받을 테지만, 마음이 아픈 이들은 주변의 관심이 큰 힘이 된다. 특히 블로그에 그 마음을 털어놓았다는 건, 내 마음 좀 봐달라는 SOS나 다름이 없다. 써 본 사람은 모르는 체할 수 없는 선명한 마음이다. 나를 위로해달라고 마지막 용기를 끌어모아 외치는 소리다. 스스로 알 수 없는 혼란과 번민에서 길을 잃지 않으려는 기록이다. 나 역시 그 마음으로 글을 써 보았고, 그런 마음에 달렸던 댓글들에 크게 위로받았던 적이 이미 여러 번이다. 나의 미약한 위로가 누군가에게 힘이 될 수 있다면, 그것이 정말 보잘것없더라도 기꺼이 내어 줄 준비가 되어있다.

누군가에게 위로가 필요해 보일 때, 단 몇 문장이라도 남기려고 할 때마다 조심스러워진다. 공감 없이 남기는 껍데기 같은 말만 남겨 무미건조한 답글을 다는 수고까지 주고 싶지 않다. 오히려 글쓴이가 자신의 진지한 이야기가 가볍게 치부 당했다고 생각해서 괜한 짓을 했다는 자책을 하게 할지도 모른다. 그간 열심히 읽어왔던 심리학책에서 배웠던 위로의 기술을 활용하기도 하고, 비슷한 경험이 있었다면 가능한 만큼 최대한 공유해 주려고 노력한다. 내 실수라도 나만의 실수가 아니란 것을 알고 나면, 조금 더 안심되는 게 인간이다. 나도 그랬고, 다른 이들도 그렇다고 공감해 주면 어쩐지 혼자만 루저가 된 건 아닌 것 같아서 안심이 된다. 나의 경험을 되짚어보며 내가 듣고 싶었던 말, 힘이 크게 되었던 말들을 남겨두기도 한다. 비슷한 상황을 떠올려 그때의 내가 듣고 싶었던 위로의 크기만큼 힘주어 말해준다. 자책하지 말라고, 당신의 잘못이 아니라고, 후회하고 반성할 사람은 상대편이고, 언젠가 그에 응당한 대가를 치를 거라고. 성심성의껏 욕하고 편들어준다. 여기 이렇게 당신을 응원하는 사람이 있다는 것을 잊지 말라고 진심을 담아 적는다.

그렇게 남겨 놓은 내 댓글 덕분에 마음이 조금이라도 풀렸다고, 위안이 되었다고 감사의 답글이 달리는 날에는 그게 또 뭐라고 그렇게 기쁘다. 내가 누군가에게 위로가 되었다는 것을 확인하는 순간, 나는 댓글 하나만큼 더 괜찮은 사람이 된다. 분명 나도 어느 순간 누군가를 의도치 않게 서운하게 했거나, 필요한 순간 적절한 응원을 주지 못했을 수도 있다. 그러니 내가 누군가에게 힘이 될 수 있는 순간을 의식했다면, 그 순간만큼은 열심히 응원을 나눌 수 있는 사람이 되고 싶다.

익명성이라는 가면 뒤에서 인터넷에서 하루가 다르게 악플의 수위가 높아지고 혐오와 논란이 끊이지 않는다. 아무렇게나 싸질러 놓은 배설물에 가까운 나쁜 말들을 볼 때마다 안타깝다. 저렇게 발산해버릴 에너지라면 부정보단 긍정으로, 악함보단 선함으로 나눈다면 양쪽 모두에게 좋은 일이 될 텐데. 아이러니하게도 이렇게 위로하는 마음에 대해 진지하게 생각해 보고 애쓰는 것도 인터넷이라는 가상의 공간이다. 서로 누군지 정확히 알지 못하니, 나의 작은 위로가 창피한 것도 없고 굳이 애써 가식적일 필요도 없다. 그러니 묵묵히 내 손가락만큼은 따뜻함을 전해보려고 한다. 익명에 숨은 비열한 악의보다 익명으로 드러낼 수 있는 수줍은 선의를 베풀고 싶다. 이런 마음을 가득 담아 오늘도 나의 이웃들의 안녕을 바라며 이웃 순찰에 나선다.

출동, 동명동도마도

"엄마, 블로그 하나 하지?"

"싫어."

"왜 생각도 안 해보고 싫대?"

"생각해 봐도 싫을 거야."

단호하다. 하여간 고집하고는. 고집만 보면 딱 우리 엄마다. 틈날 때마다 툭툭 찔러보는데 싫단다. 한때 책도 꽤 많이 읽었으면서 글을 못 써서 안 된단다. 어디 등단할 것도 아니니까 잘 쓰지 않아도 된다고 해도, 너무 못 쓰면 부끄러워서 안 된단다. 아무리 생각해도 엄마가 쓰는 글은 정말 재미있을 것이라는 게 두 딸의 공통된 의견이다. 그럼 언니랑 나랑 셋이 공동으로 블로그를 해 보자고 했더니 그건 솔깃한 모양이다. "아우, 나 글 못 쓰는데 애들이 왜 자꾸 하라고 난리야." 조금만 더 꼬시면 넘어갈게 하는 모양새다.

　엄마가 말할 때마다 매번 우리한테 놀림당하는 말이 있는데, 도마도(토마토)와 뾔도박도(빼도박도)다. 아무리 '토마토'라고 해도 언제나 '도마도'라고 발음해서 '뾔도박도' 못하고 딸들에게 놀림거리가 된다. 엄마가 속초 조양동 오래 살았으니 별명을 '조양동 뾔도박도'라고 하자고 언니랑 키득거렸다. 휴대폰을 보고 있는 줄 알았던 엄마의 귀는 우리 쪽으로 열려 있었나 보다. 조양동에 살 땐 가난했던 시절이라 싫다고 한마디 한다. 흐음, 가난한데 빼도 박도 못하기까지 하면 너무 슬프다. 동명동 살 때는 잘 살던 때라고 하니 곧바로 엄마 별명은 '동명동도마도'가 되었다. 아이디는 1958domado. 한국에서 58년생 개띠는 시대적 의미가 크니까 상징성도 있다. 큰딸은 물치에서 태어났는데 망고가 좋다고 하니 '물치리망고', 난 송우리에서 오래 자랐는데 복숭아를 좋아하니 '송우리복숭아'다. 이렇게 별명을 지어가며 키득거렸지만, 아직 블로그는 만들지 못했다.

　우리 엄마만 블로그를 하기 바라는 게 아니다. 나는 엄마 아빠들이 다 블로그 하나씩을 갖고 있으면 좋겠다. 젊은 엄마들은 블로그도 하고 유튜브도 하고 인스타그램도 하지만, 우리 엄마 연배의 부모님들은 그런 건 어려워서 못한다고 뒷걸음질부터 치고 만다. 휴대폰으로 사진도 찍고, 카톡도 하고, 뉴스도 퍼다 나르면 서. 그러지 말라고 아무리 말해도 어디서 받았는지 모를 짜증 나 는 '좋은 말씀'과 재미없는 '오늘의 유머'도 맨날 공유하면서. 그 정도만 할 줄 알면 블로그가 어려워서 못한다는 건 거짓말이다. 내가 살아온 얘기를 글로 쓰면 눈물 쏙 빼는 소설 몇 권은 나온다 고 하는 어른들이 많다. 쓰시면 좋겠다. 장황하게 말고 블로그에 시작하시면 된다. 이웃 맑고맑은 님은 블로그를 운영하시다가 70 살에 펴낸 『진짜 멋진 할머니가 되어버렸지 뭐야』라는 책으로 베 스트셀러 작가가 되셨다.

우리 엄마가 글을 쓰고 책을 내서 베스트셀러 작가가 되길 바라 는 게 아니다. 생활의 활기를 찾길 바랄 뿐이다. 인간의 평균 수 명은 100세를 향해 가고 있다. 빠르게 바뀌는 세상에서 엄마의 생활 터전은 고만고만한 자리에 머물고 새로울 게 없어 보인다. 별일 없었냐는 안부 전화에 "매일 똑같지 뭐."라는 대답을 들을 때마다 안타깝다. 이웃님 중에는 나이가 많으신 분도 꽤 많다. 자 신만의 글과 사진으로, 자기 호흡과 리듬으로 블로그를 운영하신 다. 화분에 피어난 작은 꽃 한 송이, 바느질로 만든 손주 녀석 옷 한 벌, 훌쩍 큰 자식들과 함께한 저녁 한 끼처럼 소소한 일상을 올 리신다. 다양한 이웃들과 댓글을 주고받으면서 삶의 활기를 얻으 신다. 엄마들끼리 공감할 수 있는 댓글들을 보면 푸근하고 따뜻하다. 이 세계에 우리 엄마도 초대하고 싶을 뿐이다.

블로그에는 나이나 경력의 제한이 없다. 누구나 할 수 있다. 세상에 정말 별별 사람들이 다 있구나 발견하게 되는 다양한 생활 취미인들이 있다. 구경하는 것만으로도 재밌고, 나도 한발 담가보면 더 신난다. 하고 싶었지만 망설였던 일도 남들이 하는 걸 보면 용기 나게 마련이다. 하는 일 하나하나에 의미와 의욕이 생기는 게 블로그 생활이다. 매일 TV만 들여다보는 지루한 생활만 하고 살기에 인생은 너무나도 길다. 학교에 다니는 것도 아니고, 학부모 모임에 갈 나이도 아니고, 종교 생활을 하는 것도 아니라면 새로운 사람을 만날 데가 없다. 늘 만나는 사람들과 했던 얘기 또 하면서 지루하게 보내기엔 세상은 너무나 재미있는 곳이다. 블로그가 그 만남의 광장이 되어 줄 것을 너무 잘 알고 있다. 해봤으니까.

어서 빨리 동명동도마도의 데뷔를 준비해야겠다. 처음엔 물치리망고와 송우리복숭아의 역할이 중요하겠지만, 몇 번 하다 보면 동명동도마도는 뽀도박도 못하고 블로그의 참 재미에 푸욱 빠져 헤어 나오지 못할 것이다.

생활형 전문가들

　인생은 선택의 연속이고 선택에는 결과가 따라온다. 인생을 좌지우지할 만한 거창한 것들을 빼두더라도 소소하고 자잘한 선택이 끊이질 않는다. 새로 살 태블릿의 기기 종류, 다가오는 중요한 모임을 위한 장소, 무릎 통증을 치료할 괜찮은 병원, 이번 주말 소개팅 장소, 설레는 여름휴가를 위한 깔끔한 숙소…. 돈과 시간이 무한대라면 이것도 저것도 다 내가 직접 써 보고 가보고 해보고 결과가 만족스러울 때까지 반복하겠지만, 어째서인지 둘다 부족한 인생이다. 가성비만 따지는 게 아니라 최소한 투자로 최대한의 만족도를 얻을 수 있는 가심비까지 따지다 보니, 지르는 그 순간까지 고민이 계속된다. 그럴 때마다 자연스러운 시작은 바로 검색.

　검색창에 내가 원하는 질문을 몇 개 던지면 답이 쏟아진다. 그리고 그중에서 대부분의 쓸만한 답은 다른 곳이 아닌 블로그에 있다. '지식인'에게 답을 물어보라는 서비스가 출범되었을 때 손쉽게 답을 구할 수 있을 것이란 사용자의 기대와 현실은 사뭇 달랐다. '초딩'들의 장난이나 출처를 알 수 없는 '카더라' 답변들, 광고로 이어놓은 지저분한 미끼들 때문에 나부터도 그 서비스는 잘 이용하지 않게 되었다. 물론 블로그에도 광고가 많고 흰소리도 많다. 날이 갈수록 넘치는 광고 때문에, 다 읽고 나서도 믿어야 하나 말아야 하나 찜찜할 때도 많다. 하지만 조금만 뒤져보면 정성 들인 양질의 정보가 많고, 결국 내가 원하는 내용을 찾는 경우가 많다. 누군가가 시간과 노력을 들여 잘 정리해 둔 경험은 나의 소중한 시간을 아껴주고, 갈팡질팡하던 마음에 길잡이가 되어주기도 한다.

친구와의 만남부터 직장 회식 장소 수배까지, 식당만큼 많이 검색해보는 것도 없다. 누군가의 블로그에서 식당 내부 사진, 메뉴와 가격, 음식 사진과 간단한 평들을 참고하면 헛발질할 가능성이 크게 줄어든다. 삼성과 애플 사이에서 고민할 때 브랜드와 기기별 장단점을 정리해 주고, 가격대와 저렴하게 사는 방법을 알려준 것도 어느 블로거였다. 여행을 준비하면서 여행 코스는 이런 동선이 더 좋더라는 조언과 여기엔 꼭 이런 준비물을 챙겨가라는 꿀팁을 전해준 것도 누군가의 블로그였다. 터질 것 같은 옷장을 정리하는 방법, 욕실 줄눈에 끼는 물때를 손쉽게 없애는 방법, 풀어진 바짓단을 급하게 수선하는 방법을 알려주는 블로거들은 모두 진심이었다. 그뿐인가, 최근 개봉한 영화 주인공들의 예전 작품들이나 할리우드 배우들의 현실 가족 관계 같은 재미있는 정보를 얻는 곳도 영화에 푹 빠진 이웃의 블로그이다. 아이와 함께 갈만한 장소의 장단점은 또래 아이를 키우는 엄마 블로거들만큼 빠삭하게 알고 있는 사람들이 없다. 독서나 드라마 취향이 비슷해 보이는 블로거를 이웃으로 추가해 두었더니, 시간이 날 때면 보고 싶어지는 작품들을 마음속에 리스트업 하게 된다.

그들은 자기만의 인생 주제에 특화된 전문가였다. 촘촘하게 찍은 사진들과 신뢰도를 높이는 명확한 자료의 출처까지, 다들 어찌나 정성스럽게 글을 써 두었는지 감탄이 절로 난다. 누가 묻지도 않았지만, 이토록 열심을 다하는, 어디 가서 배우기도 마땅치 않은 자잘한 일상의 지혜를 알려주는 블로거들. 아주 소소한 질문일지라도 '너도 이런 걸로 고민했지? 나도 그랬었는데, 나는 말이야…' 하면서 공감마저 듬뿍 담긴 답을 전한다. 인류의 역사를 뒤바꿀 거창한 학문, 엄청난 이론이 뒷받침되어야 풀릴 어려운 질문은 아니지만, 누군가의 경험과 조언이 필요할 때 나타나는 소중한 생활 특화 전문가들 덕분에 우리는 인생의 작은 결정들을 해결해 간다.

이런 소소한 도움들을 받고 살다 보니, 나 역시 남의 눈엔 별것 아닐지도 모를 고민을 해결했던 후기들을 빼곡하게 블로그에 올려두는 편이다. 누가 신경이나 쓰겠냐 싶다가도, 혹시 내가 잘못된 정보를 주는 건 아닐까 생각하면 좀 더 집중하게 된다. 긴가민가한 것들은 추가로 검색해서 팩트 체크도 한다. 그러다가 문득 궁금해지는 질문이 떠오르면, 기어이 그 답을 찾아 함께 적어둔다. 그런 과정에서 나도 몰랐던 정보들을 뒤늦게 발견하는 때도 많다. 이렇게 찾아낸 여러 가지 정보까지 잘 녹여 넣으면 나의 작은 경험 하나도 쓸만한 정보가 되어 누군가에겐 답이 된다. 특히 반응이 좋은 건, 내가 쩔쩔매던 문제들을 해결한 뒤 그 방법들을 올려놓는 경우이다. 내겐 좀처럼 익숙해지지 않는 아이폰의 사진을 컴퓨터로 백업하다가 생긴 오류를 해결하고 썼던 글은 6개월이 지난 후에도 댓글과 공감의 하트가 종종 달린다. 덕분에 문제를 해결했다는 댓글을 보면 또 그렇게 뿌듯할 수가 없다. 이런 마음을 아니까 도움받은 글엔 크게 도움이 되었다는 감사의 글을 잊지 않는다. 결국 우리는 서로에게 감사하고 뿌듯해하는 것을 돌림노래처럼 이어간다.

작은 경험을 끝내고 돌아와 블로그에 경험과 지식을 조물조물 버무려 두는 생활형 전문가들 덕분에 우리의 골칫거리는 보잘것 없어진다. 좋아하고 잘하는 것들을 차곡차곡 쌓아둔 전문가들은 블로그 세계에서 자신들의 지식을 아낌없이 나누어준다. 학교에서 오래 공부하고 어려운 논문을 써 내 학위를 받은 박사님들보다, 당장 내 인생의 문제를 해결해주는 블로그 세계의 척척박사님들에게 심심한 감사를 보내며, 나도 누군가의 척척박사님이 되기 위한 기록을 계속해본다.

핑프족, 저한테 답 맡겨두셨어요?

　누가 시켜서 하는 일이었다면 이렇게 오래도록 꾸준하지 못했을 것이다. 내가 좋아서 하는 일이니 열심히도 하고 꼼꼼하게도 하고, 시시콜콜하게도 털어놓는 나의 블로그. 지독하게 개인적인 의도와 경험에 따라 주제 무관한 각종 정보를 담아두는 개인 기록소이다. 어차피 시간도 정성도 들여 써놓은 글이니, 누군가에게 도움까지 된다면야 보람도 그만큼 늘어나는 일이다. 댓글로 추가 질문이 들어오면, 아는 범위 안에서 최선을 다해 답해주는 재미도 쏠쏠하다. 내가 댓글 하나로 누군가에게 베푸는 친절이 언젠가 나에게 돌아올 것이라 믿기도 한다. 그러나 세상엔 참으로 다양한 사람들이 있어서 늘 보람만 느끼게 되지는 않는다는 것이 함정. 블로그에는 참 다양한 장르의 이상한 자들이 등장하는데, 그중에 참 뻔뻔한 종류가 바로 핑프족이 되시겠다.

핑프족. 네이버 시사상식사전에 나온 정의는 다음과 같다. '핑 거 프린세스(finger princess) 또는 핑거 프린스(finger prince)를 줄 인 말로, 간단한 정보조차 자신이 직접 찾아보려 노력하지 않고 인터넷이나 주변 인물들에게 무작정 물어보는 사람들을 가리킨 다.' 신조어가 나올 정도면, 나한테만 일어나는 일이 아닌 게 분명 하다. 블로거에 찾아 들어온 핑프족은 일단 검색은 했던 모양이 다. 그러니까 자신이 찾는 주제의 글까지 닿았겠지. 그리고 거기 가 끝이다. 글을 제목만 보고 들어와서 글은 읽지 않은 게 분명하 다. 본문에 번듯이 써 둔 정보를 질문이랍시고 댓글을 단다. 대부 분 이런 사람들의 특징은 같은 세상을 살아가는 사람들끼리 보통 은 지킬 법한 매너를 무시한다는 점이다. 다짜고짜 밑도 끝도 없 이 자기 질문만 툭. 누가 보면 나에겐 답할 의무라도 있는 모양새 다. 처음엔 친절하게 답을 달아주며 본문에 쓴 내용이었다고 어 색하지 않게 지적하기도 했다. 그런 나의 답변에 자기가 글을 제 대로 못 읽은 모양이라고 사과하는 사람은 핑프족이라고 할 수 도 없다. 진짜 핑프족이구나 싶은 자들은 댓글을 삭제하고 가버 린다. 확 그 핑거를…!

거기다 한술 더 떠서 '적반하장'형도 나타난다. 자기가 찾는 답 이 내 글에 없을 때 이렇게 자세하게 썼으면서 이건 왜 내용은 안 썼냐고, 분명 아는 게 있을 테니 내놓으라는 식이다. 나는 그쪽이 물에 빠져도 구해줄 생각이 없는데, 기어이 나한테 찾아와서 네가 구한 거니까 봇짐도 내어놓으라는 생떼를 쓰는 격이다. 참신한 핑프족 중에는 '골라줘'형도 있었는데, 어떤 노래 목록이나 영화 목록을 줄줄 적어와서 하나를 골라달라는 식이다. 내가 너를 모르고 너는 나를 모르는데 대체 뭘 믿고 이걸 나한테 골라달라는 건지…. 심지어 그 목록엔 내가 고르고 싶은 게 하나도 없는데? 기가 참을 넘어서서 그들의 인생이 참 걱정된다. 길고 긴 인생, 과연 어디에 가서 무엇을 골라달라고 하며 살아갈지 혀를 끌끌 차게 된다.

핑프족이 늘어나는 이유를 인터넷의 빠른 발달을 원인으로 꼽는다고 한다. 정보 습득이 쉬워지다 보니 점점 더 쉬운 방법으로 답만 골라 먹고 싶어지는 것이라고 한다. 사람들이 점점 긴 글을 읽기 힘들어하는 세태는 익히 알고 있다. 그런 사람들은 내가 쓴 글조차 길다고 느끼고, 본문을 전부 읽고 답을 찾고 싶지 않을지도 모르겠다. 뭐 그렇다면 어쩔 수 없지. 나는 그런 사람들에게까지 생선 가시 발라 살점만 밥숟가락 위에 올려주듯 정답을 발라내 줄 생각이 전혀 없으니까. 아쉬운 건 내 쪽이 아니다. 나는 누구에게도 정답을 맡아둔 적이 없다.

정중히 인사를 하고, 혹시 이런 점이 궁금한데 알 수 있겠는지 정중히 물어보는 댓글에는 나도 최선을 다해 답을 해주려고 노력한다. 그러니 블로그에서 궁금한 게 생긴다면, 일단 본문을 잘 읽고 현실 세계에서 낯선 이에게 말을 걸 때처럼 시작하자. 안녕하세요, 라고. 실례합니다, 라고. 최소한의 노력과 최대의 정중함은 최선의 정답을 찾아줄 것이다.

블로거의 여행법

    내게 여행은 크게 두 가지 카테고리로 나누어진다. 엄마 아빠를 모시고 떠나는 여행인가, 나 혼자 훌쩍 떠나는 여행인가. 여행사를 통해서 떠나는 패키지여행 대신 늘 자유여행을 선택하는 쪽이라, 두 가지 경우에 따라 여행의 준비가 완전히 달라진다. 혼자 떠나는 여행의 경우 뭐가 어떻게든 되겠거니 하는 마음으로 얼기설기 큰 뼈대만 정하고 떠난다. 하지만 엄마 아빠랑 함께라면 얘기가 완전히 달라진다. 촘촘한 일정과 가성비 최고의 숙소, 실패 없는 맛집과 심지어 메뉴 구성까지 아주 세세한 일정을 짠다. 예매가 필수인 것들을 챙기고, 만약의 경우를 대비한 옵션 1, 2까지 준비해둬야 마음이 편안해진다. 여행을 떠나기 전에 하도 열심히 찾아봐서 막상 여행지에 도착하면 이미 몇 번은 다녀간 기분이 들기도 한다. 엄마 아빠한테 잔소리를 듣기 싫은 게 아니다. 그저 부모님과 함께 할 수 있는 여행의 희소성을 생각하면 최고의 여행을 하고 싶을 뿐이다. 엄마 아빠를 모시고 길을 잃고 헤매기도 싫고, 불편한 숙소에서 찝찝한 휴식을 취하기도 싫으니까. 시간이 지날수록 우리에겐 낭비할 시간이 없다. 준비만이 살길이다.

이런 여행 준비에 큰 도움을 주는 것은 당연히 누군가가 블로그에 빼곡하게 남겨둔 그들의 여행 기록이다. 특히 비영어권 국가의 티켓 예매를 기록해 둔 포스팅은 크게 도움이 된다. 중국 리장의 인상여강 공연이나 러시아의 발레 공연 예매는 구글 번역만으로는 엄두도 나지 않았을 것이다. 누군가의 블로그에 나온 설명을 따라 한 덕에 우리의 여행이 그만큼 풍성해졌다. 그들이 남겨둔 도움 덕분에 우리 가족여행은 더 밀도 있게 준비된다.

나 역시 내 여행 기록이 누군가에게 도움이 될 것이라는 생각으로 아주 소소한 것까지 쓴다. 가장 먼저 여행지를 고민하는 글부터 여행은 이미 시작된다. 목적지가 결정되면 항공권 구매. 직항과 경유를 비교하고, 경유지 A와 경유지 B를 비교하고, 항공사를 비교하는 과정들을 정리해서 블로그에 남겨둔다. 버스, 기차, 페리 등 모든 탈것의 가격들을 비교하고 예매하는 방법도 잊지 않는다. 렌터카 여행이 많은 편이니 루트별 렌트비용이나 회사별 비용을 비교해서 적어두기도 한다. 숙소 예약을 하면서 호텔 제공 특가를 잡았거나 할인 받는 방법을 찾았다면 그것도 빼먹지 않고 기록한다. 내가 참고한 다른 블로그의 포스팅이 잘 정리되어 있었다면 링크를 모아서 첨부하기도 한다.

여행과 함께 빼곡한 기록의 본 게임이 시작된다. 공항 면세품은 뭐가 좋았는지, 경유하는 공항에서는 어디에서 쉬면 되는지, 어떤 항공편을 탔는지, 기내식의 메뉴는 어땠는지. 버스든 비행기든 타고 나면 좌석 등받이에 궁둥이를 바짝 붙이고 앉아 무릎과 앞 좌석의 공간이 어느 정도 남는지도 잊지 않는다. 공항에서 숙소까지 가는 방법, 렌터카를 픽업했던 방법, 주차가 어려웠던 도시에서 어렵게 찾아낸 무료 주차장 정보, 내가 묵었던 숙소의 디테일한 사진과 소감, 관광지의 입장료와 운영시간을 촘촘하게 담아둔다. 두고 와서 아쉬웠던 여행 소품과 들고 왔더니 특별히 도움이 되었거나 별 쓸모가 없었던 준비물도 기록해둔다.

뭘 이렇게까지 하나 싶지만, 우리는 분명 이러한 작은 정보 덕분에 한 번의 실수를 줄이거나 한 번의 기회를 더 얻기도 하지 않던가. 나 역시 스위스에서 융프라우에 올라가는 기차에서는 오른쪽에 앉는 게 좋은지 왼쪽이 좋은지를 기록해둔 누군가의 블로그 덕에 좀 더 탁 트인 경치를 즐겼다. 그러니까 이런 작은 정보를 남기는 것에 집중하게 되는 것이다. 사진 맛집이라는 여행지에서는 어느 시간대가 역광을 피하기 좋은지 알려주는 포스팅이 정말 큰 도움이 된다. 잔뜩 기대하고 갔는데 역광이라 사진이 하나같이 어둡게 나오면 얼마나 속상한지는 겪어본 사람만 알 것이다. 특히 여행지가 자주 올 수 없는 해외라면 더더욱 그렇다. 내가 미리 알지 못해 속상했다면, 내 뒤의 누군가는 속상하지 않길 바라는 마음으로 또 한 줄의 기록을 남기는 게 블로거의 여행법이다. 세계 3대 폭포 중 하나라는 빅토리아 폭포를 보러 가는 짐바브웨행 비행기에서 창가 좌석에 앉으면 폭포가 보일지 궁금해서 일부러 창가 자리를 예매해 보기도 했다. 그리고 그 비행의 과정을 블로그에 빼곡히 남겨두었는데, 시간이 많이 지나 다시 찾아보면 이런 귀여운 짓을 했던 추억에 슬그머니 웃음이 나기도 한다.

블로거들의 여행에는 뜻밖의 행운이 찾아오기도 한다. 가게 사진이나 음식 사진을 열심히 찍다 보면, 가게 주인이 블로거냐고 물어보며 서비스 음식을 더 내어주기도 한다. 음식에 대해 더 열심히 설명해 주기도 한다. 지역 SNS 이벤트에 참여해서 작은 기념품을 받기도 한다. 어떤 곳에서는 무료 투어를 더 제공해주기도 했다. 런던의 피시앤칩스 가게에서, 브루나이의 리조트 라운지에서, 필리핀의 현지 여행사에서 그랬다. 이런 뜻밖의 행운은 여행의 기쁨을 더 크게 만들어 준다. 자주 있는 일은 아니지만, 몇 번 이런 행운이 이어졌더니 부모님의 반응도 바뀌었다. 처음에는 뭘 저런 쓸데없는 것을 그렇게 열심히 찍느냐고 하셨는데,

이제는 자연스럽게 기다려주신다. 접시의 위치를 바꿔 주시기도 하고, "저거 찍었어?"라고 내가 놓친 것들을 짚어주실 때도 있다. "여긴 진짜 괜찮다." "여긴 이런 건 좀 아쉽네."라고 소감도 보태주신다. 가끔은 내가 놓친 장면들을 찍은 핸드폰 사진을 뿌듯하게 건네주시기도 한다.

아무리 좋아서 하는 짓이라도 분명 쉽지 않다. 짐도 바리바리 들고, 낯선 곳에서 길까지 찾으면서 정신없는 와중에 사진기도 부지런히 눌러대는 것은 생각보다 많이 정신 사나운 짓이다. 어디 그뿐인가, 그 사진들은 여행이 끝나면 정리해야 하는 마음의 짐이 된다. 그래도 비용 정리를 끝으로 여행 후기 정리를 싹 마무리하면, 마음이 가뿐해지면서 여행을 비로소 끝냈다는 기분이 든다. 꼭 필요했던 정보인데 덕분에 도움이 되었다는 댓글 한 줄 보는 맛에 이런 후기를 쓴다는 생각도 든다. 내가 남기는 정보가 여행자들에게는 빛이 된다. 그러니, 여행하는 블로거의 글에 도움이 되었다면, 수줍어하지 말고 글 아래의 하트라도 눌러주기로 하자. 가끔 로그인이 귀찮아서 공감까지 가는 길이 멀게만 느껴질 때가 있는데, 그 글을 남긴 사람은 더 큰 귀찮음을 감수했다는 걸 기억해 주면 좋겠다.

그리고 당신의 여행 경험도 이렇게 나누어 주면 좋겠다. 시간이 지나 n년 전 오늘을 알려주는 블로그의 알람이 뜰 때면, 이런 여행의 기록들이 또다시 마음을 살랑이게 한다. 사소한 기억 한 조각은 잊고 있던 추억을 밀물처럼 밀어오는 촉매가 된다. 미래의 당신에게 어느 날 갑자기 추억을 꽃피워줄 씨앗을 심어두기에도 이보다 더 좋은 것이 없다.

어떻게 이웃을 끊을 수가 있어요?

어떻게 이웃을 끊을 수가 있어요?

뜨끔. 이웃 새 글 목록에서 제목만 읽었는데 잘못을 들키기라도 한 것처럼 가슴이 콩닥콩닥 뛴다. '내 얘기인가?' 조마조마한 마음으로 기억을 더듬어 보지만 생각나지 않는다. 이웃 님의 글은 이런 내용이었다. 자주 찾아가서 공감도 누르고 댓글도 남기던 블로그 이웃이 있었는데, 갑자기 그가 본인을 이웃으로 추가했다는 알림이 떴다는 것이다. 분명 서로이웃 사이였는데, 새로 알람이 뜬 걸 보면 상대방은 이웃을 끊었던 것 같다는 짐작과 서운함이 고스란히 담겨 있었다. 그 이웃이 책을 출간했다기에 '사서' 읽고 서평까지 남겼었는데!

그해에 나도 출간을 했었고, 블로그 이웃님들께 꽤 많은 지지

와 응원을 받았었다. 이쯤 되니 나는 그 문제의 이웃이 어쩐지 나일 것만 같았다. 내가 이웃 정리를 하는 사람이기 때문이다. 혹시나 하는 마음에 그분의 블로그에서 몰래 내 책 제목과 내 이름을 검색해봤다. 검색 결과가 없는 걸 보니 나는 아닌 모양이다. 잠시 안도하다가 혹시 서운해서 서평도 지워버리셨을까 하는 생각도 해 본다. 그게 아니라면 내 책은 안 읽으신 이웃인가 하고 뒤늦은 서운함도 슬쩍 찾아온다.

몇 년 전부터 나는 '절교 전문'이다. 처음부터 인간관계를 미련 없이 잘라내는 사람은 아니었다. 겉으로는 씩씩해도 속내는 물러 터져 주변인들에게 마음을 깊게 쓰던 시절이 길었다. 사랑받고 싶은 만큼 먼저 주라고 하기에 내 마음을 열심히 퍼주었더니 '얜 원래 이런 애'라고 당연히 여기는 친구들이 많았다. 힘들 때마다 나를 붙잡고 끝없이 징징대던 친구에게는 줄 수 있는 모든 응원과 희망의 말을 전했었는데, 내가 좀 힘들다고 투정할 때는 그만 좀 하라며 외면하는 이도 있었다. 본인은 나한테 삼십 배쯤 더 했으면서. 내 조언이 꼭 필요하다고 불러놓고는 자기 상황만 하소연하는 막힌 귀도 있었다. 영양가 없는 대화에 외로움과 헛헛함이 깊어지는 모임도 있었다. 만나고 나면 내 시간과 에너지가 아까운데도 오래 알고 지냈으니 습관처럼 유지하는 사이였다.

그러다가 내 마음이 왕창 무너졌던 어느 해, 주변인들이 정확히 보였다. 살면서 관계를 정리하는 시간이 한 번씩 온다더니 그때였던가 보다. 오래 쌓아온 시간이나 내가 퍼준 마음 같은 건 중요하지 않았다. 사람 보는 눈이 꽤 있다고 생각했는데 개뿔도 없었다. 제대로 넘어진 후에야 나를 지지하고 응원해 주는 진짜 내 사람들이 선명해졌다. 오래된 관계가 모두 좋은 관계도 아니었고, 전화번호로만 존재하는 친구는 의미가 없었다. 그 시점을 기준으로 진짜 필요했던 순간에 나를 외면했던 이들은 단칼에 정리했다. 잠시 슬펐지만, 이 미련을 떨쳐내지 않으면 영영 호구가 될 것이었다. 쓸데없이 소비될 마음을 소중한 사람들에게로 집중했다. 진짜 좋은 관계가 무엇인지 나를 채우고 키우는 만남이 무엇인지 알게 되었다. 시간의 쓰임이 더 깊고 진해졌다.

블로그 이웃 정리의 시작마저 절교 전문 성격 때문은 아니었다. 새 글 알람이 시작이었다. 네이버 메인화면에서 블로그를 클릭해서 나오는 첫 화면이 블로그 홈이다. 블로그 홈에는 나와 이웃 관계인 블로거들이 올린 새 글 목록이 뜬다. 모든 이웃을 일일이 다 방문할 수는 없으니, 새 글 알람이 뜬 이웃의 글 위주로 읽는다. 개인적 기준에 따라 매일 들여다보는 이웃, 가끔 몰아서 보는 이웃, 생각나면 보는 이웃 정도로 그룹을 만들어 두고 순서대로 방문한다. 어느 날 새로 관심이 생긴 블로그를 이웃으로 등록해 두었는데, 그의 글이 이웃 새 글 목록에 보이지 않았다. 그는 꾸준히 글을 쓰고 있었는데도 말이다. 알고 보니 이웃 새 글 목록을 설정하는 기능이 따로 있는데, 딱 500명까지만 설정할 수 있었다. 블로그를 오래 하다 보니 틈틈이 추가해 둔 이웃이 500명쯤은 거뜬히 넘은 상태였다. 그 이후로 추가된 이웃은 자동으로 새 글 알람이 꺼지도록 설정되어 있었다. 관심 있는 이웃을 편하게 찾아가려면, 이웃 목록의 알람 설정을 500명에 맞춰 정리해야 했다.

그 이후로 가끔 이웃 목록을 정리한다. 서로이웃보다는 내가 혼자 추가해 두었던 이웃들 위주로 솎아낸다. 이웃 추가는 해두었지만 누군지 기억도 나지 않는 이웃, 심지어 최신 글도 몇 년 전인 이웃은 미련 없이 끊는다. 한때 관심이 있어서 이웃으로 추가해 두고 지켜보았지만, 이제는 시들해진 이웃도 때에 따라 이별한다. 이웃을 끊고 싶지는 않지만, 활동이 침체된 있는 이웃은 새 글 알람을 끄고 좀 더 지켜본다. 결과적으로 본다면야 하루아침에 관계를 뚝 끊어 버리는 셈이지만, 그 결정을 하기 전까지 꽤 오랜 시간 서로 관심이 없었음을 확인한다. 나름 미련도 가져보고 아련해하기도 하면서 신중하게 결정한다. 어차피 서로이웃이 아닌 이웃 관계란 내 관심사에 따라 나 혼자 추가해 두었던 짝사랑인 경우가 많다. 나 혼자 품었던 일방적인 관심이 다 소진되어 나 혼자 관계를 마무리했을 뿐이다. 상대방이 내가 이웃을 취소했다는 알람을 받는 것도 아니다. 단지 통계에서 이웃 증감에 −1이 뜬 것을 발견하게 될 것이다.

이웃을 정리할 땐 '난 니가 싫어졌어, 우리 이만 헤어져.'라기보다 '다른 이웃이 생겼어, 너보다 훨씬 좋은' 정도의 느낌이다. 더 자주 왕래하고 더 자주 들여다보고 싶은 상대가 나타난 것이다. 블로그 세계의 이웃 관계란 살아 움직여야 유지되는 것이다. 그렇게 진짜 이웃들만 가려 남기다 보면 진짜 돈독한 이웃들이 생긴다. 현실에서 더 자주 연락하고 마음을 주고받을 때 더 돈독해지는 것과 똑같다. 그렇다고 이웃 정리 과정이 관계의 단절만 집행하는 시간은 아니다. 아이디만 봐서는 누구였는지 가물가물하던 이웃의 블로그를 한 번 더 찾아가서 확인하고 좀 더 선명하게 상기시키기도 한다. 꽤 친했던 이웃인데 연락이 뜸했던 이웃에게는 슬쩍 안부를 남기고 오기도 한다. 인간관계도 블로그 이웃 관계도 한 번씩 정리하면 실보다 득이 많다. 다다익선이 무조건 좋은 게 아니란 점도 똑같다. 그러고 보면 현실 세계의 절교 전문성이 블로그 세계에도 고스란히 나타나는가 싶기도 하다.

아무리 절교 전문이라도 현실에서 인간관계를 정리할 땐 짧게라도 슬프고 속상하다. 그에 비하면 블로그 세계의 이웃 정리는 훨씬 쉽다. 그만큼 이 세계에서는 나도 쉽게 정리당할 수 있다는 것을 감안하고 산다. 어느 날에는 누군가가 나를 이웃으로 추가했다는 알람이 뜨고, 어느 날에는 나의 일간 현황에 이웃 증감 -1이 뜬다. 뭐 어쩌겠는가. 누군가는 내가 마음에 들었고, 또 누군가는 내가 관심에서 멀어졌겠지 하고 생각할 뿐이다. 그러니까 블로그 이웃 관계에 너무 일희일비하지 말자. 나는 친하게 지내고 싶던 이웃인데 나를 끊었다고 서운해하지도 말자. 세상에 이웃 맺을 블로거는 많고, 블로그 세계에도 인연은 따로 있을 것이니. 관계는 분명 정리 정돈이 필요한 영역이다.

블밍아웃 사절

　'부캐'라는 말이 유행하기 훨씬 전부터 블로그의 세상은 부캐 천국이었다. 아이디의 생성부터 내가 보여주고 싶은 이름으로 만들어지는 곳. 이곳에서는 내가 쓰고 보여주는 글들이 곧 내가 된다. 세상이 정해둔 단계대로 해내야 하는 것들 대신 내가 하고 싶은 것들을 할 수 있는 공간이다. 천편일률적인 평가 과목 대신 내가 잘하고 싶고 잘할 수 있는, 그래서 잘하는 종목들로 빼곡하게 채울 수 있는 곳. 학교에서 보여줄 길 없었던 나의 재능이 꽃피고, 회사에서 쓸모를 인정받지 못한 기술이 경탄의 대상이 되는 세상. 그러니까 남들이 쓸데없다고 말하는 것들이 굉장한 재능으로 재발견될 수 있는 신나고 설레는 멋진 신세계이다.

　감정적인 면을 생각해 봐도 그렇다. 가까운 이들에게는 어색해서 제대로 터놓을 수 없는 종류의 진지함을 자연스럽게 쏟아놓도 부담이 없다. 누군가 알아주면 좋겠지만, 가까운 이들에게는 들키고 싶지 않은 마음을 고백하기에 이만한 곳이 없다. 아예 모르는 사람들 앞에서 더 용감해지고 솔직해진다. 무관심과 비웃음을 살까 봐 드러내지 못했던 내 취미를 나보다 더 열광적으로 호응해 주는 이웃이 있다. 집단의 분위기 때문에 함부로 말하지 못한 불만과 답답함을 공감해 주고 도닥여 주는 이웃도 있다. 가족이라서 말하면 안 될 것 같은 서운함을 들어주고 가만히 어루만져 주는 이웃이 있다. 그러다 보니 진짜 내 취미, 생각, 취향은 여기에 적힌 게 더 진실할 때가 있다. 나의 배경, 자라온 환경, 사회적 지위 같은 것들을 모두 가리고 맺은 관계 속에서 나는 조금 더 진짜 내 모습을 드러낸다. 그리고 그 순간, 세상에서 먼저 관계 맺은 사람들이 이 블로그를 보면 어쩌나 하는 불안함이 엄습한다.

그날의 방문자 수가 높아지면 기분이 좋고 공감과 댓글이 많으면 뿌듯해지는 블로그의 세계라도 꼭꼭 숨겨두고 보여주고 싶지 않은 사람들이 분명 있다. 실제 생활의 나와 이곳의 내가 그만큼 큰 괴리감이 있어서가 아니다. 블로그 세상에 거짓과 모순덩어리의 나를 만들어 두진 않았다. 다만 나를 아는 모든 사람이 내 블로그를 보지 않길 바라는 건 거리감 때문이다. 나는 당신과 딱 그만큼의 관계만 유지하고 싶다는 마음. 이곳에 털어놓는 내 희로애락을 당신에게 그대로 보여주고 싶지 않다는 단호함이다. 먹고사는 일 때문에 어쩔 수 없이 알고 지내는 인간들이 내 블로그에 올린 글에 시시콜콜 참견하게 두고 싶지 않다. 사생활의 영역에 함부로 알은체하며 들어오게 하고 싶지 않다. 진짜 관심이 아니라 화제의 빈곤으로 내 블로그를 입방아 찧게 하고 싶지 않다. 특히 회사에서 내 뒷담화에 열 올리는 그들이라면 더더욱 끔찍하다. 이미 많은 말을 짓는 그들이 내 블로그를 알게 되면 또 얼마나 신이 나서 재료 삼아 썰어 넣을까.

블로그를 꾸려나가는 우리는 원치 않는 누군가가 내 글을 볼 수 있음을 늘 염두에 두어야 한다. 모든 글을 비공개로 쓰지 않는 이상 누군가는 내 글을 보고 있음을 잊지 말아야 한다. 완벽하게 본인을 숨기고 절대 들키지 말거나, 어떻게든 알려지는 순간에도 문제 되지 않을 수준을 유지해야 한다. 글의 내용에 따라 공개의 범위를 조정하거나 아주 작은 위험 요소라도 포함된 글은 비공개로 쓰는 것이 좋겠다. 누가 봐도 문제없다는 단단함이 마음에 있을 때, 누가 봐도 내가 이 블로그를 포기하지 않을 것이라는 자신감이 있을 때 더 오래 내 공간을 지키면서 꾸려나갈 수 있다. 회사에 블로그의 정체성을 10년가량 숨겨오던 나는 첫 책을 출판하며 블로그를 드러냈다. 대놓고 공개했다기보다 숨기기를 멈추었다는 것에 가깝다. 역시나 세상은 생각보다 나에게 관심이 없었다. 그렇지만 예상대로 나를 탐탁하지 않게 생각하는 자들에게 좋은 뒷담화 재료가 되었다고도 들었다. 이제는 그러거나 말거나 하는 마음이라 상관없다. 아무것도 안 하는 너네보단 뭐라도 잘 하는 내가 낫다는 생각이다. 하지만 좀 더 어렸을 때 그런 이야기를 전해 들었다면 불편한 마음에 블로그를 닫아버렸을 것이다.

　주목받고 싶지만 주목받기 싫은 마음은 인간의 공통적인 특징이 아닐까. 하지만 원치 않는 관심은 부담이고 심할 경우 폭력이 된다. 누군가 보라고 쓴 글이지만, 그 누군가에 당신은 들어있지 않을 수도 있다. 아주 우연히 지인의 (것으로 짐작되는) 블로그를 발견한다면, 유레카를 외치며 알은체는 하지 말자. 상대가 말하기 전까지 모른 체가 최선이겠지만, 호기심에 입이 근질거려 참을 수가 없다면 "혹시 SNS 하세요?" 정도의 가벼운 질문으로 상대방의 답을 헤아려 보자. 당신이 공유하고 싶은 사람이거나 블로그를 공개함에 부담이 없다면 자연스럽게 알려줄 것이다. 아니라고 대답한다면 더 이상 관심 두지 않길 바라는 마음일 것이다. 그 이유야 여러 가지일 테니 무작정 서운해하지는 않으면 좋겠다. 날뛰는 호기심을 잘 달래서 SNS만큼은 관심의 스위치를 꺼주는 것이 최고의 배려다. 내가 분명히 봤는데, 그거 OO씨 맞던데, 하면서 꼬치꼬치 캐묻는 순간 현실의 그 관계는 더 어색하고 멀어질 테니까. 당신이 누군가의 소중한 세상을 망쳐 버릴지도 모른다. 그러니 님하, 그 선을 넘지 마시길 바란다.

자아도취, 자기위로, 자아성찰

가끔 '생각' 카테고리의 글을 열어본다. '오, 어린 나이에 이런 생각을 했었어?'라는 대견함도 만나고, 차마 오글거려 끝까지 읽을 수 없는 글도 만난다. 그때의 폭풍 같은 감정이 여전히 나를 집어삼킬 것만 같아서 서둘러 다음 글로 넘어가게 되는 글도 있다. 어떤 글은 민망할 만큼 나에게 취해서 뻔뻔할 만큼 나를 사랑한다고 외치고 있고, 어떤 글은 지금의 나도 부끄러워질 만큼 날카롭게 나의 단점들을 지적한다. (그리고 그때보다 지금도 딱히 나아진 게 없다는 생각이 들 때면, 두 배로 부끄러워진다.)

운 좋게도 나는,

하나님께서 부모님을 통해 주신 예쁘고 건강한 몸과 마음이 있으며

따뜻한 가정 안에서 사랑을 듬뿍 받고 자란데다가,

어려서부터 지금까지 똑똑하고(으하핫)

말도 잘하고, 글도 잘 쓰고,

음악이든 운동이든 이것저것 사소한 재주도 많고,

늘어져서 놀기도 좋아하지만 결국은 늘 꾸준히 노력할 줄도 알고,

독립심도 있으며

계획성과 추진력도 있고

인내심도 있으니까.

한국어도 잘하는데, 영어로 의사소통도 할 줄 알고,

요즘엔 중국어도 배우고 있으니.

이렇게 여러 가지 축복받은 내가

남들이 지어놓은 한계 안에서 살 수도 없고

남들처럼 살라고 해서 따라갈 수도 없고

타고난 상황이 다른 남들만 부러워하며 살 수도 없으니.

그냥 나는 내 단단한 자의식과 함께

재미있게 열심히 살아야겠다.

이미 진짜 멋진데, 더 멋지게 살아야지!

(내 생각에 난 정말 자존감은 단단하고 높은 것 같아. 누구보다. 아이 좋아라)

(2016.07.24.)

내가 설마 '스스로도 너무 멋진' 나에게 취해서 이런 글을 적었을까. 오히려 정반대였다. 몹시 마음이 지친 날에 나를 응원하려고 되려 괜찮은 척, 더 씩씩한 내가 되기 위해 이런 글을 적었다. 차마 남에게 해달라고 할 수 없는 말, 누가 나에게 해주면 참 좋겠지만, 남이 알아서 척척 해주지 않는 말을 스스로 되뇌며 어떤 힘든 마음을 꾹꾹 삼키거나 달랬을 것이다. 이런 글들이 툭툭 흩어져 있어서 이 폴더의 글을 볼 때 까딱 잘못하면 현재의 마음에도 왈칵한 감정으로 홍수가 난다. 이런 자기 응원의 기록들을 통해 버티며 지나온 시간 끝에 지금의 내가 있기 때문이다. (그리고 또 뭐가 그렇게 크게 나아졌나 생각해보면…. 휴…. 만감이 교차한다.)

이별 후에 휘청휘청하면서 비공개로 남겨둔 글도 있다. 단어와 단어 사이, 심지어 행간 사이에 알싸하고 저릿한 느낌들이 구절구절 맺혀있다. 그 마음이 온전히 끝나서 다행이기도 하고, 어떤 면에선 그렇게 마음을 다해 사랑하고 아파하는 시간이 다시 올까 싶어 아쉽기도 하다. 어느 날엔 마음이 쭉 불편했던 근래를 돌아보며 또 나를 반성하고 다독이며 응원하는 내가 있다.

최근 몇 주를 '나답지 않게' 보냈던 것 같다. 어떤 상황이 닥쳤을 때

1. 이 상황에 대해 원인이나 결과, 지금의 현재 정확한 상태를 잘 살펴보고

2. 나는 무엇을 잘못했는가, 혹은 내가 잘한 것은 무엇인지 (최선을 다해) 객관적으로 보고

3. 잘못한 점은 고쳐야겠다고 생각하고

4. 또 잘한 것들은 잘하고 있다고 스스로 으쌰으쌰하고(남이 뭐라던, 그런 거 신경 쓰지 말고)

5. 이제 또 새로운 순간을 '무엇을', '어떻게' 잘해야겠다고 생각하고 씩씩하게 나아가는 게 내 모습인데.

최근의 모습을 보면

1. 일단 자기 회피와 남 탓하기

2. 나를 알아주지 않는다고, 나를 이해해주지 않는다고 불평불만 하기

3. '그래 그럼 대충 시키는 대로 하고 말겠다.' 하고 수동적으로 생활하기

4. 의미 없이 일하는 시간이 끝나기를 기다리며 대충 하루를 보내기

5. 다 때려치우고 그냥 가족 있는 한국으로 갈란다 하고 현실도피를 꿈꾸기

요랬던 거 같다.

쓰고 나니 자기반성이 제대로 되는군.

하아. 부끄러워 ㅠㅠ 이런 모습이었구나.

이제라도,

정말 나다운 나로, 말끔하게 돌아와야지.

나는, 아주 소중한 하루하루를, 귀하게, 나답게, 잘 보내야지.

(2017.06.09)

어느 날의 실망, 어느 날의 기쁨, 어느 날의 뿌듯함, 어느 날의 속상함, 어느 날의 분노, 어느 날의 그리움, 어느 날의 다짐이 차곡차곡 쌓여있는 나의 블로그. 이런 고민과 반성, 응원들이 지금의 나를 만들었을 것이다. 그 기록들이 기록이 되어 남아있는 이 블로그를 나는 진심으로 아끼고 감사하게 생각한다.

나도 가끔은 남에게 보여주기 위해, 자랑하기 위해, 반짝이는 내 모습만 보여주기 위해서 SNS를 하기도 한다. 하지만 내 블로그 안에는 나를 다그치고, 나에게 실망하고, 다시 나를 일으키고, 나에게 의지하는 내 기록들이 있다. 온전히 나만 위해서 쏟아두는 글들이 모여 나라는 역사를 만들어 두고 있다. 상황에 따라 정도에 따라 남에게 보여주었다 감추기를 선택하며 응원과 공감을 선택적으로 모집하기도 했다. 어쨌거나 궁극적으로는 더 나은 나를 위해 애쓰는 내가 있다. 어느 곳에서든 휴대폰만 있다면 기록할 수 있는 편리성 덕분에 순간의 감정을 주저 없이 쏟아부어 둘 수 있었던 내 블로그. 진솔한 글쓰기의 세상으로 나를 이끌어 준 블로그 덕에 어느 날의 마음은 위로받았고, 어느 날은 반성했으며, 어느 날은 다짐했다. 막연한 생각이나 중얼거림보다 확실하게 글로 쓰다 보니 어떤 문제는 선명하게 답이 보였고, 어떤 흥분은 차분하게 정리되었으며, 어떤 기쁨은 훨씬 충만해졌다.

어제보다 조금이라도 괜찮은 내가 되었다면, 블로그에 마음을 쏟아내고 정제시켜 잘 지켜본 덕이 꽤 크다고, 어제의 나를 다시 열어본 오늘의 나는 확신한다.

무한반복 퇴사 타령

　비상이다. 나오민이 사표를 질렀다. 회사에 마음이 식고 일에 지쳤다는 징조는 진작부터 있었다. 최근 직장과 인생에 관련 책도 많이 찾아 읽고 다른 일을 위한 탐색도 시작한 그녀였다. 직장인들이 입사하는 이유가 퇴사 타령을 하고 싶어서인가 싶을 만큼 사표 욕구는 누구에게나 자연스러운 것 아니던가. 그녀에게도 그런 시기가 왔고, 많은 이들이 그렇듯 자연스럽게 그 시기를 지나 보낼 줄 알았다. 그런데 팀장님 면담까지 한달음에 끝내버렸다는 것이다. 나오민의 회사에서도 대체 퇴사하려는 이유가 뭐냐고, 다시 한번 잘 생각해 보라고, 일이 너무 많았던 건 알지만 곧 조정될 테니 조금만 참아보라고 만류와 회유가 이어졌다. 누구보다 착실하게 맡은 일을 해내고 직원들과도 즐겁게 어울리며 회사 생활을 해오던 그녀였기에 회사 사람들도 갑작스러운 퇴사 소식에 놀랐다. 하루아침에 안 나오겠다는 것도 아니고 필요한 기간

만큼 인수인계까지 다 하겠다는 게 더 특이했다.

블로그 세계에서는 이웃들의 만류와 응원이 교차했다. 사실 퇴사가 별건 아니라고, 퇴사해도 세상이 망해 없어지지 않는다고, 먹고 살 일은 어떻게든 생기고, 게다가 넌 뭘 해도 정말 잘 살 수 있다고 격려하는 one이 있었다. 그녀는 하루아침에 퇴사를 결심하고 실행에 옮긴 경험이 있는 퇴사 경력자였다. 그 반대편에는 퇴사해도 이건 아니라고, 퇴사하고 뭘 하고 싶은지 정해둔 게 있냐고, 다음 자리로 옮겨가기 전에 회사를 다니면서 최소한의 준비라도 해야 리스크를 덜 수 있다고 극구 만류하는 퇴사 희망만 n년 차인 내가 있었다. 경제적 문제부터 사회적 소속감, 준비 없는 퇴사가 가져올 리스크 같은 현실 조언이 줄줄 이어졌다. 내가 n년 동안 들었던 잔소리와 고민했던 문제들과 가정했던 만약들이 이번엔 나오민의 뼈를 때리고 있었다. 이쯤 때리면 뼈가 부러지다 못해 아니라 가루가 되어 연체동물이 될 판이었다. 그래도 꿋꿋하게 결심을 바꾸지 않겠다는 단호한 그녀의 모습에 걱정과 동시에 부러운 마음도 섞여 올라왔다.

내 블로그에 '퇴사'를 검색하면 26개, '사표'를 검색하면 12개의 글이 나온다. 퇴사를 생각하면서 읽었던 책, 퇴사를 걱정하면서 남겼던 생각, 사표를 날리고 싶은 간절한 바람까지. 꽤 오래전부터 최근까지 참 한결같고 꾸준하다. 2019년 '밥벌이의 지겨움' 폴더(지금은 비공개로 돌려놓았다)에 적어둔 글엔 어지럽던 내 마음이 잘 정리되어 있다. 제목은 '퇴사 병이 도졌다 (대기업이 뭐라고)'.

퇴사 병이 도졌다. 도졌다고 쓰고나서 '도지다'를 검색하니 첫 번째 풀이가 재미있다. '나아지거나 나았던 병이 도로 심해지다.' 그러니까 이 병은 원래 있던 병이다. 새로 생긴 병이 아니다. 있던 병이 차분해졌나 했는데 다시 시작. 자꾸 이렇게 도지는 지경이라면… 완치를 향해 가야 하는 게 아닌가.

사실 나도 버텨야 한다는 쪽이었다. 대책 없이 나가봐야 고생길이 훤하니 어떻게든 버텨봐야겠다고 생각했던 것 같다. 하지만 한 10년쯤 했는데 아닌 거면, 내가 여기 있어도 더 재미있을 것 같지 않으면, 여기서 성장이든 열정이든 없을 것 같으면, 지금 내가 있는 곳이 점점 퇴보하는 게 보이면 떠나야 하는 거 아니야? 모든 책이 말하는 '이직해야 할 때'의 조건이 다 내 얘기 같을 땐.

대기업의 혜택을 포기할 수 있을까. 매달, 적지 않은 월급이 꽂힌다. 내 나이에 분명 적지 않은 월급이다. 밀린 적 없고 그런 걱정을 한 적도 없다. 그 돈 받아 따박따박 저금도 했고, 때때로 여행도 했고, 효도도 했고, 사치도 했다. 하고 싶은 걸 다 하고 다 사진 못했더라도 어디 가서 먹고 싶은 걸 먹고 싶을 때 먹을 수도 있었다. 아무런 능력의 비교 없이 단지 회사의 이름 때문에 단번에 갑의 위치를 차지하기도 한다. 회사의 이름이 큰 우산이 되어주는 걸 부정하지 않는다. 심지어 대출의 규모부터 달라질걸. 회사에서 직원들끼리야 대기업은 무슨, 우리는 중견기업이다, 월급이 적다, 복지가 적다, 불평불만이 있는 것은 사실이지만, 내가 이 회사를 포기하는 순간, 이 적은 것들마저 모두 사라지게 될 텐데. 게다가 내 인생이니까 결국 결정은 내 몫이지만, 엄마 아빠에게 있어서 대기업 다니는 딸이란 게 꽤나 큰 자부심이 되는 걸 알기에 큰 고려 대상이 되는 것도 사실이다.

대책 없이 나가지 말라고 하지만, 저지르지 않고서는(뒤를 막아버리거나 없애버리거나) 계속 이 상태 이 모양 이 꼬락서니일 것 같다는 거다. 낮에는 어쨌거나 회사에 매였고 밤에 와서 무언가 준비하자니 시간은 어찌나 빠른지. 몸은 피곤하고, 약속이라도 생기면 또 하루가 순삭. 이렇게 하루하루 다니다간 정말 나가고 싶지만 갈 곳이 없어지는 바보 같은 사람이 될까 봐, 나가고 싶지 않지만 쫓겨 나가야 하는 사람이 될까 봐 이상하게 조급하고 불안하다. 만족하지는 못하지만 포기하기 살짝 아쉬울 정도의 적당한 월급과 혜택에 취해 자생력 없는 노예로 전락하고 있는 게 아닌가. 월급과 바꾸고 있더라도 내 인생인데, 월급은 일과 바꾸고, 동시에 나는 내 성장도 얻어야 그게 맞는 것 같은데. 월급과 시간은 바꾸고 있고, 성취도 만족도 성장도 없는 것 같아서 불안한 요즘이다.

설마 내 입에 풀칠 하나 못하겠나 싶기도 하고, 내 일이라고 하면 더 열심히 할 수 있을 것도 같고, 어찌어찌 잘 될 것 같기도 한데. 가지고 있는 파이와 버리고 새로 얻을 파이를 비교하게 되는 나의 소심함을 보면 니가 아직 덜 절실하구나 싶기도 하고, 하지만 이게 현실이잖아 싶기도 하고. 마음이 산란하다.

이렇게 퇴사를 고민하고, 결심하고, 다니기로 마음을 되돌리는 과정을 예전엔 몇 년 주기로, 최근엔 매년 말 끄적여 놓았다. 이런 징징대는 글이 한두 개가 아닌데도 한결같이 지지해 주는 이웃들이 있다. 그때마다 '넌 잘할 거야, 어떤 답이든 응원한다, 이만큼 온 널 칭찬한다.' 같은 따뜻한 응원만 가득하다. 우리 엄마마저 '쟤가 또 시작이다.'라고 듣는 척도 안 하는데, 작년에 왔던 각설이가 죽지도 않고 또 와도 따뜻한 밥 한 주걱 조건 없이 퍼주는 마음 좋은 이웃들. 응원도 조언도 아끼지 않는 이웃들 덕분에 산란한 마음이 외롭지 않았고 길 잃은 마음이 곧 제 길로 돌아왔다.

등 떠밀리듯 결심하지 않고 내 잇속도 찬찬히 잘 살폈다. 퇴사를 호언장담해두고 슬그머니 사표를 무르고 돌아와도 그 결정도 잘한 거라고 어르고 달래주는 이웃들이 있어서 덜 어색하고 덜 민망했다. 어화둥둥 예쁜 내 새끼 느낌으로 나를 달래고 응원만 해주는 이웃들이 이렇게 많으니, 퇴사 타령은 앞으로도 신명 나게 끊이지 않으려나.

이렇게 응원받고 지지받은 나는 어쩌자고 나오민을 그렇게 몰아붙였을까. 이것저것 다 따져보라고 짚어주고 싶은 애정이 급한 마음에 잔소리로 나왔던가 보다. 혹시라도 성급하게 내지른 사표 선언을 무르고 싶은데 민망한 상황이면, 내가 핑계가 되어 주고 싶기도 했다. 그래도 결국 새로운 길을 가겠다고 끝내 결정한다면, 그녀의 길에 진심으로 축하와 축복만 전해줘야지.

그나저나, 나오민 생각에 내 블로그의 퇴사 타령을 쭈욱 훑어봤더니…. 퇴사는 내가 먼저인 거 같은데?!

나의 소중한 인플루언서들

Chapter 4

블로그 너머 친구

내가 자란 동네에 어린이 축구클럽이 생겼다. 나 자란 세월만큼 마을도 자랐으니 인구수나 시설 면에서도 시골티를 벗은 지가 한참 되었는데, 여전히 그곳은 촌으로만 느껴진다. 이 촌구석에 무슨 꼬맹이들이 축구를 클럽씩이나 가서 하냐고 코웃음을 쳤는데, 대기 번호까지 있을 만큼 인기가 뜨겁단다. 나 어렸을 때야 축구클럽 같은 건 TV에나 나오는 것이었다. 우린 그저 학교 운동장이나 동네 놀이터에서 공 하나에 우르르 달려들어 차고 놀았는데. 하긴, 내가 어렸을 때 아빠가 논에서 돼지 오줌보 차던 이야기를 해주셨으니, 세상은 꾸준히 변하고 있는 게 맞다.

그런데 어린이들의 세상이 변해도 너무 변했다. 사교육이 아무리 심각하다지만 아이들은 별의별 학원에 다 다닌다. 굳이 꼭 돈을 내고 배워야 하는 것인가 싶은 곳까지 다닌다. 영어, 수학, 피아노, 태권도는 기본이고 줄넘기 학원까지 있단다. 아무리 사교육에 조기교육이 중요한 세상이라지만, 뭘 그런 걸 돈을 내고 배우나 싶다. 이런 나에게 엄마가 된 친구들이 혀를 끌끌 차며 말한다.

"으이그, 이게 애를 키워 봤어야 알지. 야, 요즘 놀이터에, 운동장에, 애들이 어딨냐? 요샌 친구들이 죄다 공부방 아니면 학원에 가 있어. 그러니까 친구라도 사귀려면 어디 학원이라도 가야 하는 거야."

아, 정말이지 쓸쓸한 세상이다. 하지만 지금 애들만 걱정할 때가 아니다. 이 시대의 어른들이라고 친구를 잘 사귀고 있는가 생각하면, 딱히 그렇지 않아 보인다. 학창 시절 친구들은 각자의 위치에서 제 몫의 삶을 살아내기 바빠 만나기 쉽지 않다. 어릴 땐 몸도 마음도 딱 붙어 다녔는데, 몸이 멀어지니 마음도 예전만 못하다. 아주 가끔 만나서도 그 시절 그때 이야기를 반복하거나 아는 인물의 근황만 확인하게 된다. 추억을 공유하고 있어 좋지만, 현재의 나를 공유하지 못하는 거리감은 반가움과 별개로 아쉽다. 회사 사람들과는 아무리 가까이 지내도 완벽하게 지워낼 수 없는 사회적 거리감이 존재한다. 공통의 화제가 회사라서 일 얘기나 뒷담화가 태반. 힘든 일을 공유하며 나눌 수 있어 위안이 되다가도 늘 비슷한 주제에 지겨워지기를 반복한다.

어른이 된 나는 지금의 내가 좋아하는 것을 마음껏 나누고 함께 할 친구를 어디서 찾아야 하는 걸까. 동호회라도 찾아가 볼까 해도 괜찮은 동호회는 또 어떻게 찾아야 하나. 괜히 나이나 분위기를 모르고 찾아갔다가 민망해질까 봐 지레 겁먹고 포기해버렸다. 나만 빼고 다들 친한 상태면 그 속에서 또 외로워질 테니 그것도 별로다. 요즘 돈을 내고 참여하는 믿을만한 독서 모임 같은 곳도 꽤 활성화되어 있다는데, 취미가 독서가 아닌 사람들은 어쩌라는 걸까. 결국 가입비를 내고 뭐든 배우러 가야 친구를 만날 수 있는 거라면, 친구를 찾아 학원을 전전하는 어린이들만 안타까울 일이 아니다.

반면, 이런 세상을 사는 나는 몇 년 새 친구가 부쩍 늘었다. 블로그에서 댓글로만 나누는 사이버 우정이 현실 세계로 확장되었기 때문이다. 요추골절로 '누워서 쓰는 노트북'을 검색하다가 첫 인연을 맺은 마레님은 따뜻한 그림을 그리는 일러스트레이터다. 내 블로그 대문에 계절의 변화를 그려주시는 다정한 분. 크로아티아 렌터카 여행의 질문과 답변을 나누다가 친해진 요한나님과의 첫 만남은 이태원의 타코 가게였다. 그날 이후 김동률과 이승환의 콘서트를 나누면서 그녀의 친구들도 소개받았다. 일상 글의 마무리를 세상에서 제일 웃긴 짤들로 모아서 끝내는 재주가 있는 바니유님은 우리가 각자 외국에서 머물던 시절 댓글로 친해졌다.

한국에 돌아와서 마포의 갈빗집에서 고기를 뒤집으며 아주 어색한 첫 만남을 이뤄냈는데, 잠시의 어색함을 넘어서자 곧바로 폭풍 수다 친구가 되었다. one님과 나오민님은 간질간질한 밀당 뒤에 첫 만남에서 맥주 각 3천cc를 마시며 이 책의 기원이 되는 결의를 다진 사이. 장르를 넘나드는 대화의 주제와 새로운 계획으로 만날 때마다 에너지를 샘솟게 한다. 출간 작가님이기도 한 만블 에피님과는 첫 만남부터 함께 서점을 둘러봤다. 애교 넘치는 하이톤으로 댓글을 남기는 노엘라님은 실제로도 발랄하고 사랑스러운 분이다. (잊은 사람 없나, 긴장하게 된다.)

나도 예전엔 온라인으로 누군가를 만나는 건 위험하다고 생각했다. 여전히 데이트 앱 같은 건 시도할 생각조차 하지 않는 조심스러운 성격이다. 이런 내가 이렇게 많은 친구를 현실 만남까지 이어갈 수 있었던 것은 블로그의 근간이 글이기 때문이다. 글은 필연적으로 쓰는 사람을 드러내기 마련이다. 심지어 블로그는 개인의 관심사나 일상을 공유하는 완벽하게 자기중심적인 기록소 아니던가. 그러니 시간을 두고 지켜보면 글쓴이의 꽤 많은 부분을 짐작할 수 있다. 댓글로 조심스럽게 다가가며 나의 색과 맞추어 보기를 오래 한 후에 괜찮다는 확신이 들어야 현실에서 비로소 만남을 추진한다. 누가 강요하는 것도 아니고, 원치 않는다면 안 만나면 그뿐이라 부담도 없다. 처음엔 나도 주저했지만, 좋은 친구들을 많이 만난 후에는 어느 정도 자신감과 확신도 생겼다.

　아무리 댓글에서 오래도록 친하게 지냈어도 처음 현실에서 만나면 데면데면하고 어색하긴 하다. 아이디로 불러야 할지, 이름을 불러야 할지, 서로 깍듯하게 존대해야 할지, 편하게 말을 놓아야 할지. 하지만 이런 어색함은 아주 잠시면 사라진다. 우리를 현실로 불러낼 만큼 오랫동안 사이버 세상에서 공유해온 관심사가 있었을 테니까. 첫 만남에도 몇 시간이 쏜살같이 지나가는 건, 댓글로는 다 나눌 수 없었던 문자의 대화 영역이 말의 영역으로 옮겨가서 날개를 달기 때문일 테다. 이렇게 만난 친구들은 직업도 나이도 살아온 환경도 모두 달라서, 나의 세상도 새 친구의 세상만큼 확장된다. 주고받는 에너지의 결도 색깔도 모두 제각각이라 만날 때마다 고갈되었던 어느 지점이 채워지는 기분이다. 이런 만남 덕분에 나의 현실 세계도 나태와 무기력을 잊고 싱싱하게 바쁘다. "새벽보배님이 좋은 사람이라서 좋은 사람을 만나는 거예요."라고 말해주는 좋은 사람을 만나는 곳, 여기가 블로그 너머의 현실이다.

라일락 향기

볼 때마다 나도 모르게 얼굴에 엄마 미소를 짓게 되는 이웃이 있다. 자녀들의 나이로 가늠할 때 분명 나보다 나이가 많은 분인데 너무 귀엽다. 예전에는 슬쩍 웃음 짓는 정도였다면, 요즘 정말 포텐이 터지셨다. 이대로 쭉 늙어간다면 귀여운 워너비 할머니로 멋지게 안착하실 분이다. 실제로 만난 적은 없고, 사적인 이야기를 많이 나눈 적도 없다. 블로그에서 보여주시는 딱 그 정도만 아는 사이인데, 이미 나 혼자 내적 친밀감은 옆집 언니 느낌이다.

라일락님의 포스팅은 간단하다. 하루에 네다섯 개가 올라올 때도 있고, 한동안 뜸할 때도 있다. 글이 길지도 않고 사진도 휴대폰으로 간단하게 찍어 올린다. 주제도 참으로 다양한데 일을 할 때 떠오르는 상념, 운동을 끝내고 운동복 사진을 보며 느끼는 만족스러움, 소녀 감성 물씬 나는 원피스 자랑, 너무나 애정하는 찻잔

세트, 푹 빠져 읽고 있는 책, 이웃 간의 소소한 교류, 어느 날의 깨달음, 어떤 날의 반성, 새로운 날을 향한 다짐…. 그때그때의 생각들을 담백하게 그대로 담아낸다. 기쁨, 슬픔, 아픔, 행복, 분노 같은 솔직한 감정들을 군더더기 없이 느끼는 그대로 쓴다. 짧은 글들인데 보고 있자면 투명하게 이 사람을 다 들여다보는 느낌이다. 때로는 이렇게 솔직하게 써서 올려도 되나 싶을 정도로 가족이나 주변 이야기에 거침없을 때가 있다. 내가 먼저 당황할 때도 있다. 왜냐하면 라일락님의 블로그는 모든 가족이 보고 있기 때문이다.

가족들 덕분에 행복하고 따뜻한 이야기야 남이 봐도 훈훈하니 걱정 없다. 하지만 라일락님의 블로그에는 행복 전시만 열리지 않는다. 남편한테 서운한 마음, 아이들 때문에 속 터지는 이야기, 가족들에게 섭섭했던 느낌도 그대로 표현하신다. 나는 가족들이 내 블로그를 다 알고 있어서 오히려 그런 서운함은 블로그에 남길 수 없다. 어떤 날은 나 서운하고 화났으니까 엄마 보란 듯이 써 보려고 해도 결국은 잘 안된다. 그런 면에서 라일락님은 정말 대단하다.

라일락님의 블로그가 더 좋아 보이는 건 가족들이 그 마음을 헤아리고 사과하거나 행동을 고치기 때문이다. 라일락님도 가족들과의 일화에서 본인이 반성하는 마음이 생겼다면, 그것 역시

숨김없이 적어두신다. 그러니까 라일락님의 블로그는 가족들 간의 소통 창구다. 아무리 가족이라도 말하지 않아도 아는 마음은 없다고 수없이 듣지만, 정작 표현하지 못해서 마음 상하는 일이 얼마나 많은가. 제때 정확하게 말했다면 오해도 줄어들고 냉랭함도 금세 사라질 것을, 그 한마디를 못 꺼내서 불편해지는 경우가 허다한데, 라일락님의 가족에게는 진심 창구가 있는 것이다.

때론 부럽다. 우리 엄마도 저렇게 마음을 보여주면 얼마나 좋을까. 혼자 속상해 말고, 꾹꾹 눌러놨다가 말도 안 되는 시점에서 폭발하는 대신 몇 줄이라도 표현해 주면 좋을 텐데 말이다. 라일락님의 다양한 감정들을 보고 있으면, 나는 대체 부모님을 얼마나 이해하고 사는 걸까 불안해진다. 우리 엄마 아빠도 이런저런 생각이 많을 텐데, 나는 어느 정도나 헤아리고 있을까 하는 미안함이 생긴다.

주변에 블로그를 하라고 권유할 때마다 나는 라일락님의 블로그를 떠올린다. 거창하지 않아도 힘을 주지 않아도 멋진 공간. 엄마의 블로그가 가족들의 이해를 돕는 소통의 장이 되는 것을 본다. 나이에 구애받지 않고 솔직히 자기 마음을 보듬고 돌아보게 하는 소중한 공간을 본다. 이런 소통의 공간들이 집집마다 하나씩 생기길 바라본다.

늘여름처럼만

외출할 때 휘뚜루마뚜루 들고 나가기 좋은 에코백이 하나 있다. 부들부들하고 가벼운 청가방이다. 오른쪽 아래에 달린 귀여운 미니마우스 와펜이 발랄함을 더한다. 안감엔 은은한 에메랄드색 바탕에 귀여운 선인장 무늬가 프린트되어 있다. 야무지게 달린 작은 안주머니에는 카드지갑, 립글로스, 펜 하나 분리해서 넣기에 맞춤하다. 도톰하고 탄탄한 손잡이는 길이가 적당해서 가방을 한쪽 어깨에 메기도 좋고, 손에 들어도 땅에 닿지 않는다. 가장 마음에 드는 것은 무게. 이것저것 넣기에 부족하지 않은 크기인데도 가뿐한 무게 덕분에 부담이 없다. 얇은 가방의 흐물거림이 전혀 느껴지지 않아 여러모로 마음에 쏙 든다. 그중에서 제일 마음에 드는 건 세상에서 단 하나뿐인 가방이라는 점이다. 이 가방을 선물해 주신 늘여름님은 나의 블로그 이웃이다.

가까운 이웃들을 생각하면 자연스럽게 함께 떠오르는 단어나 느낌이 있다. 늘여름님 뒤에는 '바느질'이 자동으로 따라온다. 내게 '바느질'이라는 단어는 늘여름님을 만나기 전과 후로 완벽하게 나뉜다. 늘여름님의 세계를 알기 전엔 바느질이란 바늘에 실을 꿰어서 무언가를 꿰매는 일, 그러니까 뜯어진 옷을 고치는 정도에 그쳤다. 요즘은 그마저도 집에서 하는 대신 세탁소에 맡겨 버리고 말기 때문에 떠올릴 일이 없는 단어였다. 많은 소설이나 드라마 속에서 바느질은 가난과 고생의 표상이었다. 시대극에는 늦은 밤 어두운 호롱불 아래에서 삯바느질하는 여성이 나왔다. 바느질은 지겨운 가난 속에서 억척스럽게 가족들을 먹여 살릴 수단이었다. 그마저도 요즘 드라마에서는 등장조차 안 하니 잊고 있던 무엇이다.

하지만 그녀를 알고 난 후, 바느질로 만드는 세상의 다양함에 놀랐다. 가방, 파우치, 생활용품 커버, 책 커버, 책갈피, 티 매트, 실내용 슬리퍼, 인형, 옷, 수납함, 커튼, 가위집, 쿠션, 앞치마, 열쇠고리…. 마음먹은 모든 영역을 바느질로 만들어 낼 수 있었다. 가난이나 고생 같은 피로한 느낌 대신 알록달록, 아기자기, 깜찍 발랄 같은 생기가 팡팡 터져 나왔다. 심지어 늘여름님은 바느질로 그림을 그려 액자를 만들기도 했다. 자투리 천은 그녀의 손끝에서 새 생명을 얻었다. 집안의 전자제품들은 그녀가 만든 커버 덕분에 포근한 이미지를 입었다. 청바지 리폼은 그녀의 특기인데. 옷감은 물론 주머니 하나까지 알뜰하게 창의적으로 재사용했다. 이웃들은 그녀의 취미생활을 응원하기 위해 입지 않는 청바지들을 가져다주기도 했다. 늘여름님은 그렇게 만든 가방을 한 번씩 이웃들에게 이벤트로 선물하며 나눔을 나눔으로 갚았다.

바느질에만 집중해도 쉽지 않을 것 같은데, 그녀는 작품을 만드는 과정을 하나하나 사진으로 찍어서 블로그에 기록했다. 생각지 못했던 실수에 시간을 오래 잡아먹었던 일, 갑자기 떠오른 생각을 적용했는데 결과물도 만족스러웠던 참신한 발견, 주의해야 할 포인트들을 짚어주었다. 그녀의 바느질을 향한 애정은 뜨겁고 꾸준했다. 좋아하는 일은 장르의 구분 없이 창의력을 발휘하게 하는 마법 같았다. 그리고 그런 애정을 알아본 사람들이 모였다. 늘여름님의 블로그를 지켜보면서 우리나라에 이렇게 바느질을 사랑하는 분들이 많은 걸 알았다.

그녀의 취미생활 이야기가 늘 기쁨과 즐거움으로 가득 찬 건 아니었다. 돈으로만 가치를 환산하고 평가하려는 시대, 바느질은 쓸데없는 시간 낭비 취급을 받기도 했다. 고개를 숙이고 시선을 손끝에 집중하는 자세를 오래 하다 보면 어깨도 결리고 눈도 침침해진다. 그런 그녀에게 골병이 드는 취미 대신 나가서 운동하라는 잔소리도 많았다. 여러 종류의 천을 자르고 모으고 덧대느라 어지러운 방을 보며 가족들에게 가벼운 핀잔을 듣기도 했다. 애정이 담긴 잔소리지만 서운함이 밀려오는 건 어쩔 수 없었다. 블로그에서 가끔 그런 마음들이 읽혔다. 다행인 것은 포기나 좌절 대신 사랑하는 바느질을 절대 포기하지 않겠다는 다짐과 함께였다. 그녀의 글을 읽다 보면 사랑해 마지않는 바느질로 이루어보고 싶은 어떤 성취가 느껴졌다. 방법을 고민하는 그녀에게는 지지와 응원을 보내는 많은 이웃이 있었다.

2020년 2월, 늘여름님은 '모두의 바느질'이라는 인터넷 카페를 개설했다. 바느질을 취미로 하는 사람들을 위한 정보교류와 친목을 위한 공간이었다. 돌래스(돌아가면서 하는 클래스)로 서로의 배움을 나누고, 한 달에 한 번 일주일씩 온라인 플리마켓을 열어 자유롭게 바느질과 관련된 것들을 사고판다. 화룡점정은 모바마켓이 아닐까. 회원들이 만든 카페에서 자신들이 만든 핸드메이드 작품을 팔고 수익금 일부를 모아 유기견 보호 단체에 기부하기 시작한 것이다. 취미에서 출발해 큰 뜻을 모은 회원들의 손끝에서 태어난 재주들이 모여 생명을 살리기 시작했다. 천천히 꿈꾸던 일들을 꾸준히 해 나가는 늘여름님을 보며 끈기와 성실에 대해 생각해 본다. 엄마와 아내의 역할도 하고, 바느질이라는 취미생활도 하고, 블로그도 하고 카페도 운영하는 그녀의 열심과 부지런함이 새로운 귀감이 된다. 새로운 시도를 향해 주저하지 않고 뛰어드는 용기도 멋지다. 방송이나 책에 나오는 멋진 언니들도 많지만, 이렇게 내 주변에서 성취를 이루는 현실 언니들이 더 큰 자극이 된다. 블로그가 아니었다면 내가 이런 멋진 언니들을 어디서 만날 수 있었을까.

얼마 전, 친한 회사 부장님과 이런저런 이야기를 나누다가 회사 밖의 삶에 관해 이야기를 나눴다. 취미가 뭔지도 모르겠다는 부장님께 나는 블로그를 권했다. "아우 난 늦었지, 난 글도 잘 못 쓰고, 나는…." 이런저런 이유로 주저하시는 부장님께 늘여름님의 블로그를 보여드렸다. 부장님이나 늘여름님이나 대학생 딸이 있으니 비슷한 연배라고 짐작했기 때문이다. 늘여름님의 블로그에 담긴 일상의 소소한 기록, 취미를 향한 감사, 자신을 향한 반성, 세상을 향한 생각, 같은 취미로 맺어진 인연에 대한 기쁨, 더 나은 내일을 다짐하는 소소한 목표들이 부장님께도 블로그를 시작할 수 있는 용기가 되길 바랐다. 이렇게 쓰다 보면 내가 좋아하는 것, 하고 싶은 것들도 떠오를 테니까. 그러다 보면 어느 날인가 새로운 성취를 이뤄낸 나를 발견할 수 있을 테니까. 딱 늘여름처럼만 그렇게 되시길 소망한다.

에피의 날마다 좋은 하루

그녀를 알게 된 건 그녀의 책 『낙타의 관절은 두 번 꺾인다』가 나올 즈음이었다. 내가 첫 번째 책을 출판했던 출판사에서 내 앞에 출간이 예정된 작가가 있다고 들었다. 블로거인데 이웃도 많고 일 방문자도 만 명을 넘는 엄청난 인기인이라고 했다. 내 글은 지난하게 퇴고를 거듭하던 시기라 시기하는 마음 반, 궁금한 마음이 반이었다. 대체 얼마나 잘나가는 인싸라서 출판 진도도 이렇게 쭉쭉 나가나. 글도 사람도 궁금해서 조용히 그녀의 블로그를 찾아갔다.

초롱초롱한 눈이 큼지막한 프로필 사진이 인상적이었다. 빼곡한 여행의 기록, 메이크업부터 가발까지 아우르는 뷰티용품에 대한 후기, 소소한 일상을 수다스럽게 나누는 생기발랄한 일상의 기록까지. 그 나이 또래의 싱그러운 에너지가 가득 넘치는 블로그였다. 블로그에는 젊고 밝고 긍정적인 기운이 가득했다. '젊네 젊어!'라고 중얼거리며 블로그를 둘러보던 중이었다. 카테고리 목차에 '유방암'이라는 단어가 보였다. 기껏해야 이십 대 같은데 이런 목차는 뭐지? 가족 투병 이야기인가? 호기심에 카테고리를 눌러보고는 순간 심장이 덜컥 떨어지는 기분이었다. 글 제목의 앞머리가 모두 '20대 유방암 투병일기'였다. 꽃 같은 나이 이십 대 에피의 투병일기였다. 아는 사이도 아닌데 '헉, 어떡해.'라는 생각이 훅 치고 들어왔다.

크리스마스를 하루 앞둔 날, 28살의 나이로 유방암 진단을 받은 에피. 투병이라는 단어와 전혀 어울리지 않을 만큼 밝은 표정 뒤에는 그녀가 겪어낸 아프고 힘든 시간이 차곡했다. 샤워하다가 가슴에서 작은 멍울을 발견한 순간부터 수술 5년 후 완치 판정을 받기까지의 모든 과정을 블로그에 기록한 그녀. 수술과 입원, 항암 과정과 부작용, 각종 주사와 연고, 후유증으로 따라오는 탈모와 피부 질환, 방사선 치료, 심리적인 기복과 극복의 과정, 가발 고르기, 정기 검진 후기, 식단 조절의 역사까지. 유방암 치료 과정의 모든 역사가 기록되어 있었다. 한눈에도 일반 주사보다 훨씬 두꺼운 주삿바늘이 살을 뚫고 들어가는 생생한 사진도 있었다. 병원만 다녀와도 온몸에 기운이 쫙 빠질 텐데, 치료받는 당사자가 그 과정들을 하나하나 사진 찍고 글로 남기고 있었다. 낯선

이들에게 공개하기 쉽지 않았을 후유증의 모습들도 과감하게 내보였다. 그녀 자신도 처음 겪는 일이라 경황이 없을 텐데, 어떻게 이렇게까지 할까 싶을 만큼 최선을 다하고 있었다.

조금 둘러보니 그녀가 모든 기록을 남길 수 있었던 저력이 댓글이라는 생각이 들었다. 댓글에는 정말 많은 이들의 응원과 공감이 빼곡하게 뒤따라오고 있었다. 단지 댓글의 수가 많기 때문이 아니었다. 조금 더 찬찬히 댓글을 들여다보면, 댓글을 남긴 사람 중 많은 이들이 같은 병을 지나 보내는 중이라는 걸 알 수 있었다. 본인이, 혹은 가족이 같은 병을 앓고 있었다. 그들은 댓글창에서 응원도 하고 질문도 하고 좌절했던 마음을 추스르기도 했다. 그런 댓글마다 에피는 따뜻하게 답글을 달았다. 본인의 경험을 최대한 설명하고 함께 응원했다. 에피가 우울한 날엔 댓글들이 모든 에너지로 그녀를 일어서게 했다. 누군가 힘든 마음을 살짝 흘려두면 에피가 최선을 다해 다독이고 위로했다. 글을 쓰는 에피는 댓글의 응원들에서 힘을 얻었고, 댓글을 쓸 수 있는 그녀들은 소통 속에서 희망을 찾았다.

블로그의 투병일기는 단순한 투병의 기록이 아니었다. 본인을 포함한 어떤 유방암 환우들도 쉽게 낙담하거나 포기하지 않길 바라는 마음이었다. 그런 댓글과 답글을 보고 나니, 다음 글에서는 에피의 책임감이 보였다. 그녀는 지나가야 할 길이 막막해서 슬퍼지는 날이 있어도 의기소침함에 오래 머물지 않았다. 내 글 하나로 누군가는 절망에서 희망으로 한 발 나아가길 바라는 간절함, 본인의 경험이 누군가에게 아주 작은 도움이라도 되길 바라는 절실함, 이렇게도 할 수 있다고 응원하는 진실한 위로였다.

블로그에 꾸준히 올라왔던 글은 잘 다듬어지고 예쁘게 묶여서 한 권의 책으로 출간되었다. 표지에는 동자승같이 예쁜 두상의 민머리를 그대로 드러낸 에피가 맑게 웃고 있었다. 그녀의 첫 번째 에세이는 출간과 함께 큰 사랑을 받았다. 솔직하고 담담한 고백은 암 환우와 가족들, 주변인들에게 큰 용기와 이해를 가져다주었다. 다양한 후기가 블로그에 올라왔다. 엄마가 유방암을 앓았는데, 책을 읽으면서야 엄마의 마음을 헤아려 보게 되었다는 이웃님의 고백에 또 한 번 같이 울컥했다. 건강한 신체를 기본 옵션으로 생각하고, 곁에 머무는 가족들을 당연하게 여겼던 오만을 반성하고 감사하게 된다는 이야기도 많았다. 한참 코로나 블루가 일렁이던 시기, 에피의 글을 보며 별것 아닌 일에도 스스로를 우울로 밀어 넣던 일을 멈추게 되었다는 이도 있었다. 건강의 문제든 경제적 고민이든, 내 앞에 놓인 근심이 충분히 극복할 만한 일이라고 상대적 용기를 얻는 사람이 많았다. 잊고 있던 감사를 되찾아오는 많은 이들 중엔 나도 있었다.

수술 후 5년을 무사히 보내고 완치 판정을 받은 그녀는 이제 유방암 환우들에게는 희망을 주는 사람이다. 암 환우들을 위한 캠페인도 함께 하고 유튜브나 방송에도 출연하며 '캔서테이너'로 활동하고 있다. 여전히 하루도 거르지 않고 꾸준히 블로그에 일상을 공유하고 이웃들과 소통한다. 그녀에게 블로그는 5년이란 길고 고통스러운 레이스를 잘 끝낼 수 있게 도와준 투병 메이트가 아니었을까. 그리고 그 기록에 기대어 현재 진행 중인 레이스를 뛰는 선수들이 많다. 여전히 그녀의 블로그를 볼 때마다 한 사람의 기록이 수많은 사람에게 희망이 되는 과정을 본다. 평생 아플 일을 한 번에 다 당겨 쓴 거라고, 그러니까 앞으로는 건강하고 좋은 일만 가득하라고 조용히 응원해 본다. 그녀의 블로그 제목처럼 '날마다 좋은 하루'만 거듭되기를 바라는 마음이다.

책 꼬리잡기의 기쁨

'이런 게 있었네요.'

단톡방에 one님이 링크 하나를 보냈다. '독서동아리 지원사업' 모집공고였다. 요즘엔 유료 독서 모임도 많다고 들었는데, 정부 차원에서도 기관을 통해 독서동아리를 지원하는 모양이었다. 문제는 지원 마감이 오늘 밤이라는 사실. 오늘이 휴일도 아니고 우리는 모두 각자의 직장에 앉아있다는 사실. 하루 늦게 알았으면 기회를 놓쳤다고 엄청 아쉬워했을 것이 분명하니 마감 전에 알게 된 건 다행이지만, 이왕이면 마감 일주일 전쯤에 알았으면 얼마나 좋을까. 이번에 지원하기는 힘들겠다고 생각하는 순간, '헐, 하자!'를 외치는 나오민이 있었다. 셋이 블로그 에세이를 쓰자고 의기투합하던 그 날의 결의가 스쳐 지나간다. 셋이 모이면 어찌 이렇게 추진력이 좋은지. 나오민은 하자는 말 꺼내기가 무섭게 순식간에 동아리 이름을 짓더니 후다닥 독서동아리 등록을 했다.

모임 소개 글을 써야 한다기에 우리 독서 모임의 역사를 떠올려
보니, 그 시작에는 블로그가 있었다.

블로그 이웃으로 만난 우리 셋은 모두 책, 여행, 맥주를 좋아했
다. 코로나로 여행을 빼앗긴 시대, 독서 후기는 각자의 블로그 글
의 상당수를 차지했다. 상대의 블로그에서 후기를 한번 본 책은
서점이든 도서관에서든 눈에 쉽게 띄기 마련이었다. 유난히 애정
이 뚝뚝 떨어지는 후기를 보고 나면 다른 책 제쳐두고 그 책부터
집어 들게 했다. 서로의 취향을 짐작하는 사이가 되었을 무렵, 추
천도 해주고 말려주기도 하고 읽을까 말까 하는 책을 먼저 읽고
가늠해 주기도 했다. 그렇게 앞서거니 뒤서거니 꼬리잡기하듯 책
을 읽었다. 댓글로 소감을 나누고, 격한 공감도 나누고, 추천하고
싶은 책을 선물로 보내기도 했다.

그러던 2022년, 책 한 권을 정해서 우리도 오프라인 독서 모임
을 해보기로 한 것이다. 책과 맥주와 수다가 한자리에 모인 우리
의 첫 번째 독서 모임은 충만했다. 책이라는 매개는 대화의 소재
를 끝없이 던져 주었고, 독서 모임이라는 타이틀은 수다가 삼천
포로 빠지는 걸 적당히 조절하게 했다. 댓글로 남기던 소감의 교
류와 또 다른 소통이었다. 독서 모임이 끝나고 돌아가면 각자의
블로그에 후기를 써서 기록했는데, 같은 책을 읽고 함께 모임을

했던 사람들의 서로 다른 글은 또 매력적이었다. 이렇게 시작된 독서 모임이 벌써 8회차를 앞두고 있다.

내 주변에는 책 읽는 사람이 거의 없어진 것 같은데, 블로그엔 여전히 독서인이 많다. 상대의 독서량에 자극받기도 하고, 다양한 분야의 책을 읽는 모습에 나의 독서 편식을 반성하기도 한다. 쉽게 읽히지 않을 것 같아 시도조차 해보지 않았던 어려운 책을 꾸준히 읽는 이웃을 보면서 깊이 있는 독서를 다짐해 보기도 한다. 전혀 모르는 사이지만 같은 책을 읽었다는 것만으로 댓글에서는 따뜻한 교류가 이루어진다. 아주 오래전에 쓴 책 후기에 새로 댓글이 달리면 내가 썼던 후기를 다시 읽으며 책의 내용과 소감을 되돌아보기도 한다. 따뜻함, 냉철함, 날카로운 시선을 각자의 스타일로 블로그에 남겨둔 후기들은 모두 책을 향한 애정이다. 그 애정을 사랑하는 사람들이 장소와 시간에 구애받지 않고 이어지는 공간이 블로그에 있다.

내 후기를 보고 그 책을 읽었는데 정말 좋았다면서 나에 대한 감사까지 담은 이웃의 후기를 볼 때면 책임감이 느껴진다. 책을 읽다가 작가가 궁금해서 찾다 보니 여기까지 왔다는 방문객에게 같은 작가의 다른 좋은 책을 소개하면 뿌듯하다. 나 역시 이웃들의 추천이 없었더라면 읽지 않았을 책들인데 읽고 나서 크게 감동한 책들이 많다.

  블로그에 본격적으로 책 후기를 남기기 시작하면서 독서량이 크게 늘었다. 남에게 보여주기 위해 읽기 시작한 것은 아니었지만, 읽은 것을 보여주다 보니 더 많이 읽게 된 것도 사실이다. 하지만 다독을 자랑하는 우쭐함이 아니라 소통의 계기를 찾는 즐거움이 컸다. 나도 읽었다는 반가움의 댓글을 남기는 것도 좋고, 나도 읽어보겠다는 다짐의 댓글을 지켜내는 것도 성취감이 있다. 내가 추천한 책을 읽고 감동한 사람에게 더 좋은 책을 골라주고 싶은 책임감도 있다. 추천받은 책이 정말 좋으면 그가 추천하는 책을 더 많이 읽고 싶어진다.

  책이 사람을 부르고 사람이 책을 부르는 건설적인 꼬리잡기가 꾸준히 이루어지는 블로그 세계였다. 시간이 지날수록 꼬리에 붙은 사람이 많아지고, 서로의 블로그를 오가며 더 많은 책과 만나고 있다. 이렇게 온라인에서 꼬리잡기하다가 현실 세계로 확장하는 독서 모임을 몇 개 더 해보고 싶은 욕심도 생긴다. 같은 주제를 두고 선한 영향력을 나누는 사이, 깊은 대화가 가능한 사이, 더 다양하게 생각을 편견 없이 나눌 수 있는 사이를 블로그에서 만난다. 어디 책뿐일까. 좋아하는 모든 것에 대하여 다양하게 뻗어나갈 수 있는 꼬리잡기, 블로그에선 얼마든지 가능하다.

아, 그나저나 독서동아리 지원사업의 결과는…. 내년엔 기필코 되고 만다!

블로그 증후군

"아, 잠깐만!"

다급한 외침에 젓가락이 멈춘다. 사진도 찍기 전에 음식에 손을 대는 사람들이 아직도 있다니. 음식이 나왔는데 사진기부터 갖다 대는 사람들의 마음이다. 최대한 빠르게 원하는 구도의 사진을 눈치껏 찍어야 하는 날들이 있었다. 시절은 변했고, 인스타그램의 대유행 덕분에 음식을 앞에 두고 사진부터 찍는 행동이 자연스러운 세상이 열렸다. 이리저리 배치를 바꾸며 여러 장을 찍는 것도 이해받는 시대가 왔다. 문제는 찍는 대상의 범위. 직관적으로 시선을 사로잡는 인스타그램에서는 핵심 사진 몇 컷이 소중하다. 하지만 블로그는 입장부터 퇴장까지의 모든 순간을 기록하는 구구절절한 세상이다. 건물 외관부터 내부, 음식부터 메뉴까지 이곳저곳을 찍어 미주알고주알 설명하고 평가한다. 이런 내 모습이 스스로 민망할 때가 많지만 포기할 수 없다. 블로그에 써야 하니까. 내 블로그를 아는 지인들 앞에서는 휴대폰 카메라를 여기저기 디미는 내 모습이 어색할 것도 없다. 하지만 공적인 일로 좋은 식당에 가는 날이면 음식을 앞에 둔 마음이 내내 동동거린다. 이거 찍어야 하는데…. 돈을 받고 쓰는 광고 글도 아니고 대가를 제공받는 것도 아닌데 이런다. 블로그를 오래 하다 보니 생긴 습관이다. 이왕이면 좀 더 정확하게 더 많이 알려주고 싶은 오지랖 때문이다.

음식을 앞에 두고만 이럴 리가 없다. 모든 순간이 취재다. 일상은 일상대로, 이벤트는 이벤트대로 소중하다. 사진을 찍어 대면서 이렇게 써야지, 저렇게 써야지 하는 개요가 머릿속에 자동으로 꾸려진다. 일단 다 찍어두고 쓰면서 생각하자 싶은 날도 있다. 어떤 날엔 대체 내가 이걸 왜 찍어 온 건지 도무지 기억나지 않는다. 분명 블로그 때문일 텐데. 영화관에 가서 멋진 대사가 나오는 장면을 보면 이 장면 하나만 찍고 싶다는 생각이 든다. 저작권 침해의 의도보다는 블로그에 올려서 널리 알리고 싶은 마음이다. 책이라고 별다를까. 카메라가 표지를 먼저 찍으며 읽기가 시작된다. 좋은 구절에 감동하면 자연스럽게 카메라가 찰칵. 가끔은 문장의 수평을 맞춰 카메라에 담다가 책에 몰입했던 마음이 깨지는 사태가 발생하기도 한다. 모든 의미 있는 것들이 블로그의 글감이 되기 위해 존재하는 것 같다. 의미 없는 것은 의미가 없다고 쓰기 위해 의미가 된다. 이쯤 되면 블로그가 일상을 지배하고 있는 게 아닐까 싶기도 하다.

　여행을 가든 영화를 보든 '아, 이거 블로그에 써야겠다.' 싶다면 블로그 중증이다. 이건 형태를 달리하여 누군가에겐 인스타 중증, 트위터 중증 등으로 들러붙어 있다. 감동의 순간이나 스쳐 가는 생각들을 기억하려고 만들어 둔 공간인데, 닭이 먼저인지 달걀이 먼저인지. 그저 즐기기에도 모자를 좋을 순간에도 생각한다. '아, 이거 기록해둬야지!' 반대의 상황에도 다르지 않다. 극도로 처참한 망작의 공연이나 볼 때면, '아, 이건 이렇게 최악이었다고 써야겠다.' 하며 시간을 보낸다. 감독, 작가, 제작자 누구 하나도 잊지 말고 다신 마주치지 말아야지 싶은 영화를 볼 때면 특히 그렇다. 욕을 적어둘 게 한두 개가 아니라 은근 신나기까지 한다.

- 블로그 이웃 one님의 기록 중에서

　친한 이웃 one님의 글에서 비슷한 이야기를 읽고 한참을 웃었다. 그러니까 우리는 다 비슷한 상태, 블로그 증후군 정도의 마음을 오가고 있다. 이쯤 되면 블로그 때문에 일상이 방해받는 게 아닌가 생각하지만, 블로그가 동기 부여가 되는 게 훨씬 크다. 블로그에 쓰고 싶어서 책 한 권, 영화 한 편, 드라마 하나를 더 챙겨보니 문화생활이 풍요로워진다. 블로그에 다짐해 둔 것이 있어서 귀찮은 몸을 일으켜 운동을 다녀온다. 이곳저곳 카메라를 갖다 대고 보니 부족하던 관찰력도 늘었다. 글을 쓰면서 장단점을 생각해 보다가 역지사지의 마음도 갖게 된다. 차곡차곡 모인 글들은 내 인생의 소중한 역사를 기록하는 보관소가 된다.

블로그에 주도권을 빼앗긴 것 같은 일상이지만, 우린 절대 고삐 풀린 망아지가 되진 않는다. 사회성을 교육받은 인간답게 지켜야 하는 선은 정확하게 지킨다. 사진이든 글이든 모든 행동은 법이 정한 범위를 지킨다. 남에게 악의적인 댓글을 남기거나 고의로 피해 주지 않는다. 어쩌다 찍힌 타인의 얼굴은 꼼꼼하게 모자이크하고 참고한 자료의 출처는 정확하게 명시한다. 좋아하는 것을 비난받지 않고 오래 해 나가려면 규칙과 정도를 지키는 것이 중요하다. 이런 상태로 마음껏 블로그에 지배당하며 산다.

블로그를 갓 시작한 언니가 유명한 강연에 다녀와서 연락이 왔다. 집에 와서야 블로그 생각이 났는데, 사진을 열어보니 겨우 한 장이 찍혀 있더란다. 나도 시작은 그랬다. 하지만 나는 안다. 블로그의 매력에 서서히 빠져들다 보면 언젠가 언니도 사진기 먼저 들이대는 날이 올 것이라는 걸. 시작이 반이다. 새로운 B 월드에 온 언니를, 이곳에 온 모두를 격하게 환영한다.

진짜 공감이 담긴 하트를 주세요

출근길 지하철을 기다리는 시간부터 목적지에 내리는 시간까지 빠르게 블로그를 훑는다. 간밤에 이웃들이 남기고 간 댓글을 읽고 답글을 단다. 이웃들의 관심이 담긴 댓글과 하트 버튼으로 받은 공감이 많으면 뿌듯해한다. 혼자서 히죽거리며 하루의 텐션을 끌어올리는 시간. 나도 이웃들의 블로그를 찾아가서 댓글을 남기고 공감을 누르다 보면, 출근길이 이렇게 짧았던가 싶게 시간이 훌훌 지나간다.

어느 날 아침, 블로그 새 소식 알림창에 댓글 수보다 하트 수가 당황스러울 만큼 급격하게 늘어 있었다. 간밤에 무슨 일이 난 건가 싶었다. 하트를 남기고 간 사람들의 아이디도 어색했다. 흐뭇함과 만족스러움 대신 의아함과 찜찜함이 커졌다. 아니나 다를까 읽지 않은 글에도 쏟아진 공감들의 습격이었다. 글의 조회 수

보다 공감의 숫자가 많았다.* 아무리 공감에 흐뭇해하는 나라도 의심스럽게 폭증한 하트는 거북스러웠다. 그즈음 이웃들의 경고 글들이 올라왔다. 무분별한 공감과 댓글 테러를 하지 말라고, 공감 테러를 하면 차단을 하겠다는 글들이었다. 공감 테러. 공감이라는 따뜻한 단어와 테러라는 서늘한 단어가 묶였는데, 결국 공격성이 이긴 모양이었다. 자신의 블로그를 돋보이게 하려고 비슷한 주제로 운영되는 타인의 블로그를 망치기 위한 짓이었다. 같은 글의 공감을 눌렀다 취소하기를 반복하기도 하고, 한 사람의 블로그에 무분별하게 하트를 남기기도 했다.

아예 이렇게 남의 블로그에 하트를 남기게 설정된 매크로 프로그램마저 있는 모양이었다. 이런 행위가 대상 블로그의 품질이나 순위를 하락시킨다더라 하는 소문 때문에 일어난 듯했다. 나를 돋보이게 하는 노력보다 남의 노력을 망치는 쪽을 선택한 몰염치한 짓이 한동안 계속되었다. 이쪽 세계에 유행처럼 번졌던 일이다. 짧은 시간 안에 나의 모든 글에 미친 사랑을 남기는 자는 조용히 차단을 눌렀다. 상업용 블로거로 추정되는 이상한 아이디를 가진 자들의 공감은 무시했다. 공감이라는 따뜻한 이름을 붙이고 하트 모양의 사랑스러운 이미지를 달아둔 원래의 기능을 완벽하게 반대의 기능으로 쓰는 사람들의 마음은 얼마나 못생겼을까.

공감 테러를 신고와 무시로 응대하는 것에 익숙해질 무렵, 휴대폰으로 글을 하나 발행했다. 글 발행하기를 누르기가 무섭게 하트 알람이 울렸다. 글의 길이를 생각해서 끝까지 읽었을 리 없는 재빠름이었다. 역시나 글 목록에 보이는 조회 수는 0이 선명했는데, 벌써 하트가 하나 반짝이고 있었다. 조회 수가 0인데 하트가 있다면, 그 하트를 남긴 사람은 읽지 않고 공감만 누른 것이 분명해진다. 현장범을 잡은 기분이었다. 누군가 싶어 하트 목록을 열어봤는데, 세상에. 꽤 자주 댓글도 주고받는 이웃이었다. 실망이 성급하게 덮쳐오는 것을 애써 진정시키며 기다렸다. 글을 읽기 전에 하트를 먼저 누르는 사람도 있으니까. 하지만 시간이 지나도 조회 수는 여전히 0이었다. 빼박이었다. 그동안 그녀가 내 글에 남긴 공감의 하트가 괜히 의심스러워졌다. 댓글을 남기지 않고 공감만 남기는 이웃들도 많다. 다른 이웃들도 글을 읽지 않고 공감을 눌렀을까. 괜한 심술에 나도 읽지 않은 공감을 하나 누를까 하다가 가까스로 참았다.

그녀가 내 블로그를 끌어내리고 싶어서 공감 테러를 했다고는 절대 생각하지 않는다. 항상 내 글을 읽지 않는 건 아니라는 것도 안다. 그래도 좀 서운했다. 아이디를 외울 만큼 가까운 이웃들은 댓글은 남기지 않더라도 글은 다 읽고 공감을 누를 거라는 막연한 믿음이 있었다. 따지고 보면 그렇게 하겠다고 계약을 한 것도 아니고, 공감만 누르면 안 된다는 규칙이나 법도 없다. 그저 나 혼자 그렇게 생각했을 뿐이다. 곰곰이 생각해 보니 나도 완벽히 집중해서 글을 읽고 온 마음을 다해 공감했기 때문에 공감 버튼을 누르는 건 아니었다. 휘리릭 빠르게 글을 스캔하고 공감을 누를 때도 많았다. 나의 공감 하트라도 하나 더 더해져야 이웃들이 좋아할 것 같아서 크게 관심 없는 주제의 글에 공감해 주기도 했다. 그렇다면 그녀와 내가 다른 건 또 무언가. 글을 클릭해서 열었거나 열지 않았거나 정도의 차이 아닌가. 이렇게 생각하니 그렇게 서운할 것도 없을 마음이었다, 라고 쓰다가도 여전히 좀 허전한 마음이다.

'네가 진정 그런 마음이라면 제대로 읽은 글에만 공감을 눌러 주마.'라고 한다면, 그래서 공감이 뚝 떨어지면 그건 그것대로 겁이 덜컥 난다. 그러니까 내 글을 열심히도 읽어주고 공감도 해주면 좋겠다 싶은 욕심이다. 이 고민은 고스란히 누구나 읽고 싶게 만드는 글을 써야 하는 내 몫으로 돌아온다. 길이를 적당히 하거나, 신선한 소재를 고르거나, 많은 이들이 관심 두는 최신 트렌드를 기민하게 가져오거나, 표현이나 어투가 매력적이거나, 뭐가되었든 유혹하는 글쓰기가 필요한 것이다.

사진 위주의 직관적인 인스타그램에는 하트 누르기가 블로그보다 훨씬 쉽다. 화면을 옆으로 휙휙 넘기면서 함께 올린 사진을 볼 수도 있고, 위로 쭉쭉 밀어 올리면서 다른 사람들의 피드를 바로바로 볼 수도 있다. 그에 비해 블로그는 해당 글을 클릭하고 들어가야 전체 글과 사진이 보인다. 물론 이웃 새 글 목록을 아래로 쭉쭉 내리며 제목과 사진만 보고 공감을 누르면 쉽게 이웃 순회야 끝나겠지만, 진짜 이야기를 알 수 없다. 공감으로 쏟아 부어주는 테러를 당해도 행복하지 않고, 읽히지 않은 글에 달린 공감에는 서운해하면서, 하트의 빨간색이 하나도 채워지지 않을까 봐 불안해지는 마음. 결국 내가 진짜 원하는 건 진정성이 담긴 이해인 것이다.

블로그의 세계는 자세히 보아야 더 이쁘다. 오래 보아야 사랑스럽다. 인스타그램이 한눈에 시선을 사로잡은 화려한 꽃이라면, 블로그의 글은 오래 보아야 예쁜 들꽃이다. 그러니 이웃들의 글에 조금만 더 마음을 담긴 시선을 나누어 주길. 들꽃 안에 담긴 우리의 이야기에 귀 기울이면 자연스럽게 진짜 공감이 담긴 하트를 나누고 싶어질 테니까.

* 휴대폰의 블로그 앱에서는 글 목록에서 각 포스팅의 조회 수, 하트와 댓글의 수가 바로 확인된다. 컴퓨터의 블로그 화면에서 글 목록에 조회 수가 보이고, 본문에 들어가야 글 끝에 공감과 댓글의 숫자가 보이는 것과 대조적이다.

부러워서 지는 게 아니라
부럽기만 해서 지는 거다

초, 중, 고를 졸업하고 자연스러운 순서를 밟아 대학에 갔다. 대학을 졸업했으니 다음 순서는 취업이었다. 여기까지도 무난했다. 그리고 정신을 차려보니 여기가 현실이라고 했다. 초등학교에 입학한 순간부터 순서대로 다음과 다음으로 정해진 세계에 살아왔다. 다음에 올 것은 지금보다 조금 더 나을 것이라는 기대, 지금을 잘 보내야 다음이 훨씬 좋을 것이라는 이상한 믿음을 따라서 여기까지 왔다. 취업까지 하고 나면 다음엔 진짜 좋은 게 올 줄 알았는데, 그다음이 없었다. 자연스럽게 따라와야 하는 다음이 없는 것이다. 아주 긴 코스의 등산을 나서 산 정상에 올랐는데, 그다음이 낭떠러지조차 없는 기분이 이럴까. 그 모든 과정이 끔찍하고 불행했다고 생각한 적은 한 번도 없지만, 이런 결과를 기대한 적도 없었다.

사실 별생각이 없었다. 자기만의 미래를 구체적으로 그릴 생각을 해보지 않았던 내 탓이었다. 그냥 흘러가는 대로 다들 그렇게 한다더라는 길을 따라왔더니 낯설고 어색한 곳에 닿았을 뿐이다. 이것이 현실이라는 게 비현실적이었다. 그때부터 고민이 시작되었다. 나는 뭐가 되고 싶은 거지? 뭐가 또 '되어야' 한다는 강박은 오래도록 그렇게 살아온 습관 같은 것이었다. 다시 생각해 보니 질문이 잘못되었다. 제대로 된 질문은 '나는 어떻게 살고 싶은 거지?'였다. 제대로 된 질문을 왜 이 나이 먹고서야 생각하게 되었을까. 현실이 불만족스러울 때면 이런 마음이 한층 강하게 밀려왔다. 나는 정말 제대로 사는 걸까, 이렇게 살아도 괜찮을까. 예전에 나는 꽤 반짝거리는 사람이었는데, 그때의 나는 무엇을 꿈꾸었는지 기억도 나지 않았다.

그즈음이었다. 어떤 먼 곳, 반짝이는 곳을 바라보는 이웃들에게 눈길이 가기 시작했다. 당장 눈앞의 현실보다는 이루고 싶은 꿈, 성취, 비전에 관해 이야기하는 사람들이 블로그에도 많았다. 생각하는 방향으로 많은 것을 이룬 유명한 사람들은 이미 블로그를 훌륭한 브랜딩 도구로 사용하고 있었으니까. 그런 완성형보다는 나처럼 아직 모든 것이 뿌옇고 멀게만 보이지만, 이건 아니라고 깨어나기 시작하는 사람들에게 눈길이 갔다. 제대로 된 걸 찾아보겠다고 노력하는 사람들을 이웃으로 추가했다. 그들의 어떤 시도와 계획들을 엿보기도 하고, 좋은 정보도 많이 얻었다. 비슷한 꿍꿍이를 가진 사람들이라서 그런지 나도 생각해 본 적이 있는 것들에 대한 아이디어가 많았다.

어느 날은 자극이 되고 어느 날은 공감이 됐다. 팔랑귀가 되어 남의 선택에 내 마음이 동동거린 적도 많았다. 자신이 가고 싶은 방향을 향해 나아가려고 시원하게 사표를 던지는 사람을 볼 때면 조급함이 밀려왔다. 남의 대학원 등록 소식에 괜히 대학원 입시 요강을 찾아보며 기웃대던 날들도 있었다. 선뜻 과감하게 결정하지 못하고 지금 이 현실에 안주하는 바람에 더 좋은 세계로 가지 못할 것만 같았다. 저렇게 한다고 뭐가 될까 싶어 안타까운 마음이 드는 사람도 있고, 너무 뜬구름을 잡는 게 아닌가 싶어 걱정되는 사람도 있었다. 꿈과 현실에 대해 고민하는 그들 사이에서 나의 불안한 마음이 외롭지 않을 때도 있었다.

이렇게 시작, 고민, 성장의 과정을 지켜봐 온 이웃들이 갑자기 쭉쭉 뻗어나가는 것을 보게 되는 날이 있다. 출간해서 베스트셀러를 만들어 내거나, 조그마한 규모로 해오던 판매 사업이 대박을 내기도 한다. 과외 수준으로 진행하던 소규모 컨설팅이 입소문을 타고 대규모 강연으로 커지는 경우도 있다. 프리랜서로 고군분투하며 사업을 다지던 이가 탄탄하게 다진 기초를 바탕으로 사업을 확장하기도 하고, 온라인 강사로 자기만의 강연을 만들기도 한다. 우리는 비슷비슷하게 시작했고 고민했는데, 비슷한 속도로 달려온 것 같은데, 어느 순간 추진력을 받아 날아오르는 그들을 보면 잘됐다, 다행이다, 나도 분발해야지, 같은 다른 어떤 마음보다 강하게 드는 마음은 순수한 부러움이었다.

예전엔 그런 부러움이 오래도록 마음을 흐렸다. 하지만 이젠 부러움은 짧게 접어 두려고 한다. 부러워만 하거나 질투만 해서는 나한테 득이 될 것이 아무것도 없다는 것을 알기 때문이다. 또 한 가지 중요한 점은 내가 지금까지 이룬 성취를 홀대하지 않는 것이다. 내가 지금까지 해 온 일도 소중하고 그 과정에서 내가 배우고 모은 것들도 귀하다고 인정하면 부러움이나 조급함은 금세 가라앉는다. 대신 부러워할 시간에 뭐 하나라도 하자는 마음으로 책을 읽고, 글을 쓰고, 해야 할 일 목록을 한 번 더 살핀다.

'부러우면 지는 거다'라는 식의 외면보다는 '빨리 부러워하고 나도 부러움 받을 일을 하자'라는 쪽이다. 부러우면 지는 게 아니라 부럽기만 해서 지는 거다. 부럽고 난 다음에 아무것도 하지 않으니까 이길 재간이 있나. 부러운 마음을 마음으로 끝내기보다 그 선망을 동력 삼아 나도 해낼 수 있다는 생산성을 키우는 게 여러모로 훨씬 이득이다. 블로그에서 공짜로 협찬을 받는 사람들이 부럽다고 말할 때가 아니다. 블로그라도 운영을 하고 있어야 협찬이든 뭐든 받을 게 아닌가. 저 책이 베스트셀러면 그깟 베스트셀러 나도 쓰겠다고 말하기 전에 뭐라도 써야 한다. 강연자로 살고 싶으면 내가 뭘 가르칠 수 있는지, 내가 뭘 전수할 수 있는지부터 알려야 하는 게 아닐까.

저게 될까 싶었던 일을 되게 한 이웃을 보고 별것도 아닌데 운이 좋았던 것이라고 깎아내리는 대신, 저렇게 해도 되는 걸 보니 나는 이렇게 해볼까 하고 생각한다. 이런 성취는 나도 할 수 있을 것 같다는 마음이 들면, 내 방식대로 구체화 시킬 방법을 정리하고 시도해 본다. 내가 해보고 싶었던 일을 나보다 앞서 뒤뚱뒤뚱 한발씩 내디뎠던 사람들처럼, 내가 그만두지만 않는다면 나도 언젠가는 뭐라도 되겠단 생각으로 남의 성취를 보고 내 성공도 꿈꾼다. 로또를 사기라도 해야 당첨이 되든 말든 하지 않겠냐는 우스갯소리처럼, 일단 뭐라도 할 생각이다. 혹시 모르지, 누군가는 내 블로그를 보면서 비슷한 고민을 하다가 언젠가는 나를 부러워하는 날이 올지도.

코로나 시대의 블로그

역병이 인류를 덮친 2020년, 사람들의 생활 방식은 크게 달라졌다. 내 나라와 남의 나라를 자유롭게 돌아다니던 지구인의 삶은 제 나라 안으로 좁혀지다 못해 일상에서조차 제약받았다. 직장도 학교도 갈 수 없는 날들이 이어졌다. 공공장소에서 사람 사이의 간격은 2m 간격으로 유지되고, 얼굴의 절반은 마스크로 가려야 했다. 2년이 지난 지금, 처음 공포와 두려움에 휩싸였던 시절보다는 여러모로 많이 나아졌다고 하지만, 일상은 여전히 정상 궤도를 찾지 못했다. 곧 코로나 종식을 선언하고 일상으로 돌아가게 될 것이라는 희망스러운 예견과 갑자기 튀어나오는 변이 바이러스와 재유행의 경고에 혼란스럽기만 하다. 2020년 이후에 발간된 책에서는 본문에서든 저자의 말에서든 '코로나'라는 단어를 한 번쯤 짚고 넘어가는 것이 자연스러운 일이 되었다.

블로그에 올라오는 주제도 크게 바뀌었다. 여행, 맛집, 데이트, 같이 일상의 즐거움 느껴지는 글 대신 불안과 초조의 글들이 줄을 이었다. 마스크를 사기 위해 긴 줄을 섰던 후기, 코로나로 학교에 가지 않는 아이들을 건사하느라 피곤하고 분주한 일상, 코로나 확진이 된 가족들 때문에 속상한 마음들이 꾸준했다. 알 수 없는 병에 대한 불안과 갑작스럽게 통제받는 일상 때문에 갑갑함과 우울함을 털어놓는 사람도 많았다.

다행인 것은 블로그에 몇 줄 주절거리는 그게 뭐라고, 그저 그렇게 쓰기만 했는데도 나아지는 면이 분명 있었다. 모두가 함께 처음 겪는 일이라 뾰족한 수는 없었지만 털어놓는 것만으로도 답답함이 좀 풀리는 기분이었다. 절망 속에 혼자 있지 않다는 것을 확인하는 것만으로도 희망이라는 가느다란 끈은 쉽게 끊어지지 않았다. 서로 비슷한 경험을 공유하고 응원의 한마디를 보태며 다 같이 버텨냈다. 놀랍게도 오래지 않아 희망을 찾는 글들이 나오기 시작했다. 집 안에서 할 수 있는 취미들, 비교적 안전하게 모일 수 있는 장소, 아이들의 부족한 학습을 채워 줄 수 있는 노하우 같은 것들이 공유됐다. 여행의 계획과 여행 후기를 즐겁게 나누는 대신 과거의 여행기록을 끄집어내서 함께 랜선 여행을 나누는 일이 늘었다. 블로그 안에서는 블로거들의 방식대로 서로를 의지하며 코로나 시대를 지나가고 있었다.

2021년, 유례없이 급박하게 진행되었던 백신 접종에 기꺼이 참여했다. 외국에 체류하던 중이라 한국에 거주하는 비슷한 연령대보다 접종 시기가 조금 빨랐다. 접종 후의 증상들에 대해 꼼꼼하게 블로그에 남겼다. 미지의 일을 경험한 후 불안하고 초조한 마음이 남의 사례를 찾아보며 안심되던 경험들이 생각났기 때문이다. 접종해서 아픈 것보다, 무슨 일이 뒤따라올지 모른다는 두려움이 더 컸다. 어떤 후유증이 발현될지 누구도 확실히 알지 못하던 시기, 모두 두렵지만, 함께 이 난관을 잘 헤쳐나가길 바라는 마음으로 후기를 적었다. 혼자는 두렵지만 함께일 땐 좀 더 나으니까. 첫 줄에 사람마다 증상이 다르다는 걸 분명히 적었다. 어떤 병을 치료하는 방법이 아니라, 접종 뒤의 증상들을 공유하는 목적일 뿐이었다. 내가 의사도 아니고 의사들도 모든 정보를 갖지 못한 시기였다. 모두가 두렵고 뒤숭숭하던 때였다. 맞고 나서 얼마 후에 어떤 증상들이 있었는지, 어떤 점이 힘들었는지, 얼마나 지속되었는지, 어떤 것들을 미리 준비했는지, 얼마 후에 괜찮아졌는지를 차분히 적었다.

시간이 지나 한국에서 접종이 확대됐을 때 댓글에는 비슷한 증상에 대한 댓글이 달렸다. 나와 비슷한 증상이었다고 본인의 경험을 공유하며 서로를 응원했다. 내 경우 제일 마지막까지 접종 부위가 무척 가려운 증상이 있었다. 긁기 시작하는 순간 엄청나

게 부어올랐다. 나만 그런가 했더니, 비슷한 증상을 가진 동지들이 많았다. 긁지 말자고 서로 격려하며 팔의 붓기를 비밀 댓글로 달기도 했다. 3차에 걸친 접종이 진행되는 동안 백신 접종의 후기는 많아졌고, 많은 사람이 백신 접종과 따라오는 증상들에 익숙해졌다. 간혹 심각한 후유증으로 큰일을 겪는 사람들의 뉴스가 전해졌지만, 많은 사람이 무탈하게 고비를 넘었다. 익숙함은 두려움을 경감시키는 효과가 있었다.

어쩌다 인류가 병마와 대차게 싸운 역사로 깊게 남을 한 시대를 살아가게 되었는지는 모르지만, 블로그 덕분에 단절의 공포는 훨씬 덜했다고 확신한다. 바이러스는 사람 사이의 물리적 거리를 멀어지게 했지만, 블로그 이웃들과의 심리적 거리를 더 가깝게 했다. 넋두리도 함께하고 희망도 함께 찾는 블로그 이웃들이 충분히 많았던 덕분에 남보다 더 외롭거나 힘들지는 않았다. 사회적 거리 두기가 진행되는 동안 제한 없이 마음을 나눌 수 있던 고마운 공간이었다. 이 혼란한 시대도 미래의 어느 날 N년 전 오늘의 추억을 소환해주는 블로그 알람으로 불려 나오겠지. 부디 다 같이 힘든 고비를 넘었던 대견한 기억으로 소환되면 좋겠다. 지긋지긋한 코로나마저 '그땐 그랬지'의 한 자락 추억이 되길 간절히 바라본다.

백만장자는 글렀고, 만블은 멀었대도

매주 혹은 격주로 그동안 지냈던 평범한 일상을 정리하는 글을 올린다. 몰아 쓰는 사진 일기 느낌이다. 시도 때도 없이 찍어둔 휴대폰 사진도 일상 글에 털어놓고 나면 깔끔히 지울 수 있다. 매일 쓰려고 하면 부담되는 일기도 이 정도 간격으로 쓰면 무리가 되지 않는다. 짧은 기간이나마 일상을 돌아보는 재미도 있고 정리되는 기분도 들어서 개운하다. 독서 후기, 식당 리뷰, 영화 후기처럼 어떤 주제를 바탕으로 쓰는 글이 아니라, 그저 사진 순서에 따라 의식의 흐름대로 쓰는 경우가 많아 아무말 대잔치가 열리는 경우가 다반사다. 쓰는 사람은 쓰는 사람대로 편하고 즐겁고, 읽는 사람은 읽는 사람대로 남의 일기장 몰래 엿보는 간질간질한 기분이 든다. 글과 사진으로 된 일상을 읽었을 뿐인데도, 일상을 공유한 사람들끼리 느끼는 친밀감이 훨씬 커진다.

얼마 전, 여느 때처럼 간만에 일상 글을 올렸는데, 평소와 다른 속도로 공감 알람이 울렸다. 이게 무슨 일일까 싶었는데 줄줄이 이어지는 댓글에서 금방 답이 나왔다. 돈 때문이었다. 이날의 일상 글에는 무려 백만 원이나 되는 애드포스트 수익금을 받았다는 내용도 포함되어 있었다. 이달에 통장에 꽂혔으니 이달의 수입이지만, 이번 달에만 벌어들인 수입이 아니었다. 거의 2년 가까운 기간 동안 차곡차곡 묵혀두었다가 세금을 제한 순 입금액이 100만 원 정도가 되길래 입금 신청을 했던 것이 그 주에 들어온 것이다. 글에도 써둔 내용인데 내용보다는 캡처된 사진에 찍힌 숫자가 더 강렬했던가 보다. 그날의 내 일상 기록에는 술, 벗, 책, 돈, 글이 고루 들어있었는데, 돈 백만 원이 그 많은 이야기를 다 잡아먹어 버렸다. 아니, 이 사람들이 정말! 친한 이웃 보니비 님이 댓글을 읽어 내려오다가 '돈 때문에 다른 이야기가 다 묻혔다'라며 재미있다고 깔깔 웃으신다. 나도 같이 웃고 만다. 그럼요, 돈 좋지요!

블로그를 하다 보면 협찬으로 냉장고도 받고 세탁기도 받는 이웃들도 있다. 매달 애드포스트 수입이 수십만 원은 훌쩍 넘는다는 파워블로거도 많다. 하지만 내 입장에서 그건 아주 특별한 사람들의 이야기이다. 일 방문자 수가 수만 명을 휙휙 넘어가는 블로그의 신선계에 사는 사람들이랄까. 나처럼 일 방문객 오천 명도 채 되지 않는 블로거와 다른 세상에 사는 사람들의 이야기이다. 하지만 조금만 자세히 들여다보면, 감히 시샘할 생각도 하지 못한다. 비싼 원고료와 좋은 제품들을 받는 블로거들이 올리는 글은 사진 한 장에 쏟는 정성부터가 남다르다. 나로서는 엄두도 안 날 일이다. 내가 회사 가서 월급 받으면서 일하는 것처럼, 그들에게는 블로그를 운영하는 것이 직업이다. 내가 취미 삼아 블로그를 하면서 그 사람들만큼 큰돈을 벌거나 좋은 제품을 받길 바라는 긴 욕심이다. 일상 글에도 솔직히 고백한 것처럼 내가 돈 백만 원을 애드포스트 수익으로 받는 데 1년이 훌쩍 넘는 시간이 걸렸다. 백만장자는커녕 매달 돈 백만 원 벌기도 꿈같은 얘기인 게 현실이다. 물론 맛집이나 제품 협찬도 종종 받으니 블로그로 얻는 소득이 조금은 더 많겠다. 하지만 애초에 돈을 벌려고 한 일이라면 들인 시간과 마음에 비해 결과물이 턱없이 빈약하다.

처음부터 돈을 벌려고 블로그를 했던 것도 아니었으니 괜찮다. 게다가 블로그를 하다 보니 돈 주고도 못 구할 것들이 수없이 생겼다. 제일 큰 건 역시 사람. 어디 가서 찾아야 할지도 몰랐을 좋은 사람들을 정말 많이 만났다. 어화둥둥 칭찬만 듬뿍듬뿍 해주는 이웃들 덕분에 내 실력보다 더 잘 해낸 일들도 많았다. 조금이라도 의기소침해지고 작아지는 날엔 두 팔 걷어붙이고 내 편만 들어주는 내 사람들 덕분에 빨리 회복되기도 했다. 뭐든 잘한다, 멋있다, 최고다, 우쭈쭈 해주는 이웃들 덕분에 진짜 내 모습보다 더 멋지게 보이는 날은 또 얼마나 많았던가. 나도 이웃들에게 칭찬과 응원의 댓글을 꾸준하게 달다 보니 공감하는 능력이 훨씬 커졌다. 가끔은 내가 더 좋은 사람 쪽으로 한발 나아간 기분이 든다. 나 아는 사람 중에 이런 재주 많은 사람이 있다고 이웃 부심도 낼 수 있고, 필요한 것이나 궁금한 것을 물어볼 이웃들이 짱짱하게 많다.

그다음으로는 기록. 블로그가 아니었다면 누가 돈을 준다고 해도 이렇게 꾸준히 내 일상을 기록하지 못했을 것이다. 몇 년째 차곡차곡 읽고 쓰고 먹고 논 것들이 나만의 역사가 되어 쌓였다. 종이 일기장에 쉽게 넣기 힘든 사진도 장소도 빠짐없이 들어있다. 퍼뜩 떠오르지 않는 것들을 후다닥 검색해 볼 수도 있는 나만의 기억 저장소. n년째 오늘이 짚어주는 아련한 그 날의 추억까지 나라는 사람의 역사를 벌써 10년 가까이 남길 수 있던 것은 전적으로 내가 블로그를 했던 덕분이다. 엄마 아빠와 함께한 여행을 촘촘하게 블로그에 남겨두었던 덕분에 여행에세이를 책으로 출판할 수도 있었다. 외부 기관에서 내 블로그의 글을 발견해 준 덕분에 원고를 기고하는 행운도 얻었다. 글 쓰는 재미를 알게 되어 계속 쓰는 사람으로 살겠다고 다짐하게 된 것도 블로그의 공이다.

이렇게 좋은데 아주 가끔 돈도 벌리니 얼마나 좋은가. 여전히 불안하게 출렁대지만, 꾸준히 늘어온 일 방문자의 숫자가 언젠가 만블도 한번 찍어보겠거니 하는 막연한 기대가 있다. 그러다 보면 수익도 조금은 더 늘겠거니 하는 희망도 있다. 돈 말고도 좋은 게 이렇게 많은데 돈도 조금 되고, 기대도 있고 희망도 있는데 안 할 이유가 없다. 게다가 블로그의 가장 큰 장점이 누구나 쉽게 할 수 있다는 점. 오늘, 당신만의 블로그로 로그인하기를 기대해 본다.

멈추지 않고 기록하는 사람으로 남기를

시작은 세 사람이었다. 블로그에서 인연이 닿아 댓글과 답글로만 교류하던 우리. 책, 여행, 맥주, 공연, 전시와 맛집을 넘나들며 닮은 듯 다른 취향을 나누던 '이웃 사이'. 그런 우리가 오랜 탐색 끝에 현실 세계에서 처음 만나 생맥주잔을 신나게 짠 짠 거리던 날이었다. 연거푸 마신 맥주 덕에 살짝 오른 취기 덕분이었을까, 우리를 이어준 고마운 블로그에 대한 사랑이 점점 뜨거워졌다. 이렇게 좋은 건 더 많은 사람이 누려야 했다. 우리끼리 호기롭게 결론을 내렸다. 블로그를 꾸려나가는 기술을 다룬 실용서 말고, 블로그로 수익을 창출하는 비법을 다룬 재테크 서적 말고, 블로그를 하는 그 순수하고 즐거운 마음에 대한 책만큼은 우리가 쓰자고. 이 시대의 홍익인간 정신을 실천할 때라고.

블로그가 아니었다면 이렇게 좋은 우리가 어떻게 만났겠어?

블로그 좋은 것만 꼽아봐도 열 손가락이 모자란 거 우린 다 알잖아!

이렇게 좋은 건 더 많은 사람이 알아야 하는 게 당연한 거 아냐?

얼마나 좋은지를 몰라서 안 하는 거지, 알고 나서도 안 할 리가 없어!

우리만큼 블로그에서 산전수전 다 겪은 사람도 드물잖아?

그러니까 우리는 책을 써서 이 좋은 걸 더 널리 알려야 한다고!

이만큼 블로그에 진심인 사람들이 또 있겠냐고!

우리밖에 없네!

당연하지!

쓰자!

건배!

짠!

소재를 모아가며 맞장구를 치고 서로의 센스에 감탄하는 날이 얼마간 이어졌다. 글쓰기를 시작도 하기 전에 블로그에 해시태그를 달아가며 주제 선점에 나서기도 했다. 이웃들에게 우리가 이런 책을 쓸 거라며 선언도 했다. 하지만 시간이 지날수록 결심은 희미해졌다. 가끔 댓글로 주고받는 농담 정도로 사그라졌다. 블로그 역사에 또 하나의 에피소드를 남기고 막을 내리는가 보다 했다.

그렇게 끝날 줄 알았는데 내 마음속 한쪽이 자꾸 꿀렁거렸다. 마음속에서 들썩거리는 것이 무엇인가 찬찬히 들여다보았다. 이야기였다. 이 이상하고 아름다운 블로그 세계에서 겪은 수많은 에피소드가 뛰쳐나오고 싶어서 아우성이었다. 할 일이 선명해졌다. 마음을 깨고 나오려는 이야기들을 잘 받아 적는 일, 이 멋진 세계를 모르는 사람들에게 이 신기한 세상을 알려주는 일이었다. 내가 블로그를 통해 받았던 만큼 나눌 시간이었다. 블로그라는 세계를 모르는 불특정 다수를 향한 오지랖 가득한 애정이었다.

블로그와 함께 해 온 역사와 블로그에 기록하던 마음을 더듬었다. 차곡차곡 쌓인 기록들을 찬찬히 훑었다. 이제는 습관을 넘어 생활의 일부가 된 블로그를 이렇게 오래 생각해 본 건 처음이었다. 지난 시간들로 빨려 들어갔다 빠져나오기를 거듭하는 시간이었다. 내가 블로그를 하지 않았더라면 짐작하지도 못할 기적이 가득했다.

만나지 못했을 사람들,
알지 못했을 세상들,
갖지 못했을 기회들,
남기지 못했을 기억들,

지키지 못했을 마음들,

새기지 못했을 다짐들,

세우지 않았을 계획들.

이 모든 조각이 맞춰지면서 '나'라는 역사가 완성되고 있었다.
다른 누구도 아닌 내 인생이 고스란히 여기에 있었다. 여전히 내
세계는 블로그를 통해 확장되고 있다. 블로그 밖에서 넓어진 세
계는 블로그 안에 빼곡하게 기록되고 있다.

책 한 권에 풀어낸 나의 이야기로는 아직 블로그에 발들일 마
음이 들지 않는다면, 좀 더 현실적인 이유를 생각해 보자. (어떤 시
작으로든 한번 제대로 발 담그고 나면 당신 역시 나처럼 이 세계를 벗어나지 못
할 걸 안다.) 제대로 키운 나 자신이 곧 자산이 되는 시대, 퍼스널
브랜딩에 이만큼 좋은 수단이 없다. 트렌드가 곧 자본으로 연결
되는 시대, 블로그만큼 빠르고 다양하게 트렌드를 읽을 수 있는
곳이 있을까. 학생들은 자신만의 포트폴리오를 만들어 두는 멋진
공간으로 쓸 수 있고, 취업 준비생도 SNS 하나쯤은 제대로 해야
하는 세상 아니던가. 각종 공모전의 기회는 블로그를 제대로 운
영하는 사람들에게 더 많은 기회를 준다. 각종 체험단으로 쏠쏠
한 부수입 창출도 가능하고, 블로그를 발판 삼아 더 큰 마켓 사
업으로 확장하는 사람도 많다. 사업하는 사람들에게 직접 운영할

수 있는 훌륭한 홍보 채널로 블로그만큼 쉽고 든든한 게 없다. 자신의 이야기를 책으로 출간하기를 소원하는 사람이 무척 많은 요즘, 블로그만큼 좋은 연습무대가 어디 있을까. 블로그에 쓰던 글이 크게 화제가 되면서 단박에 베스트셀러 작가로 데뷔하는 작가들도 여럿이다. 매일 블로그에 포스팅하면서 뭐라도 써 내려온 덕분에 쓴다는 행위에 대한 두려움이나 부담감도 많이 줄일 수 있다. 조각조각 넣어두는 기록들이 언젠가 글쓰기의 소재로 제 몫을 다 하는 건 물론이다. 나 역시 빼곡히 올려두었던 여행의 기록이 첫 번째 책을 쓸 때 큰 도움이 되었다.

어떻게든 일단 블로그를 시작하고 나면 만나게 될 이야기들을 골고루 담았다. 대부분이 감사하고 좋은 날이었지만, 더러 나쁜 날도 있다는 것을 잊지 않는다. 어느 날엔 악플에 마음 상할 수도 있고, 의도치 않게 구설에 휘말릴지도 모른다. 바쁜 일상에 치여 블로그를 돌아볼 여력이 부족할 땐 마음의 짐이 될 수도 있다. 어쩌다 보면 갑자기 찾아온 블태기에 또 한 번 긴 숨을 고르며 산을 넘어야겠지. 내가 이 책에 담은 이야기와 비슷한 일을 이미 겪은 사람도, 앞으로 겪게 될 사람도 있을 것이다. 전혀 다른 기상천외한(?) 일을 만나게 될 사람도 분명 있을 것이다. 어떤 일이 생기더라도 멈추지 않고 기록하는 사람이 되길 응원한다. 그렇게 모인 소중한 이야기가 언젠가는 당신에게도 새로운 도약의 기회가 되길 바란다. 블로그를 통해 나에게 일어났던 크고 작은 좋은 일들이 당신에게도 반드시 일어나길 소망한다.

분명 세 명이 의기투합하여 책의 시작을 다짐했는데, 어쩌다 보니 쓰는 이는 나 하나가 되었다. 이 책의 처음에 건배해 준 그녀들과 어깨동무하는 마음으로 썼다. 언제나 어화둥둥 칭찬만 해주시는 이웃님들께 받을 응원을 기대하며 힘을 당겨 썼다. 감사를 전한다. 늘 지지해주는 가족들에게도 사랑을 전한다.

블로그 하는 마음

초판1쇄 2022년 9월 16일 **지은이** 이효진 **펴낸이** 한효정 **편집교정** 김정민 **기획** 박자연, 강문희
디자인 purple **마케팅** 안수경 **펴낸곳** 도서출판 푸른향기 **출판등록** 2004년 9월 16일 제 320-
2004-54호 **주소** 서울 영등포구 선유로 43가길 24 104-1002 (07210) **이메일** prunbook@naver.
com **전화번호** 02-2671-5663 **팩스** 02-2671-5662
홈페이지 prunbook.com | facebook.com/prunbook | instagram.com/prunbook

ISBN 978-89-6782-174-6 03190
© 이효진, 2022, Printed in Korea

값 15,500원

이 도서의 국립중앙도서관 출판예정도서목록(CIP)은 서지정보유통지원시스템 홈페이지(http://seoji.
nl.go.kr)와 국가자료공동목록시스템(http://www.nl.go.kr/kolisnet)에서 이용하실 수 있습니다.